Aanbidden
in Geest en Waarheid

Geestelijke aanbidding

Dr. Jaerock Lee

*"Maar de ure komt en is nu,
dat de waarachtige aanbidders de Vader aanbidden
zullen in geest en in waarheid; want de Vader zoekt zulke aanbidders;
God is geest en wie Hem aanbidden,
moeten aanbidden in geest en in waarheid."
(Johannes 4: 23-24)*

Aanbidden in Geest en Waarheid door Dr. Jaerock Lee
Gepubliceerd door Urim Books (Vertegenwoordiger: Johnny. H. Kim)
235-3, Guro-dong 3, Guro-gu, Seoul, Korea
www.urimbooks.com
Alle rechten voorbehouden. Dit boek of delen van dit boek mogen in geen enkele vorm gekopieerd, opgeslagen in een geautomatiseerd gegevensbestand, of geleid worden, in enige vorm van betekenis, hetzij elektronisch, mechanisch, door fotokopieën, opnamen of enige andere manier, zonder voorafgaande schriftelijke toestemming van de uitgever.

Tenzij anders vermeld, zijn alle Schriftgedeeltes overgenomen van de Heilige Bijbel, NBG-vertaling, ®, Copyright © 1952. Gebruikt met toestemming.

Copyright © 2012 door Dr. Jaerock Lee
ISBN: 979-11-263-1262-7 03230
Vertaling Copyright © 2012 door Dr. Esther K. Chung.
Gebruikt met toestemming

Eerste uitgave november 2012

Voorheen gepubliceerd in het Koreaans door Urim Books in 1992, Seoul, Korea.

Bewerkt door Dr. Geumsun Vin
Ontworpen door de Uitgeverij van Urim Books
Voor meer informatie: urimbook@hotmail

Inleiding

Het is heel normaal om acaciabomen te zien in de wildernis van Israël. Deze bomen wortelen zich honderden meters diep onder de oppervlakte en zoeken naar het grondwater om in leven te blijven. Op het eerste zicht, zijn acaciabomen alleen maar goed als brandhout, maar het hout is veel vaster en duurzaam sterker dan datgene van andere bomen.

God gaf het bevel om de Ark van de Getuigenis (de Ark des Verbond) te bouwen met acaciahout, het te bedekken met een laagje goud, en het te plaatsen in het Heilige der Heiligen. Het Heilige der Heiligen is een heilige plaats waarin God verblijft en waar alleen de Hoge Priester is toegestaan om binnen te treden. Evenzo, zal een individu die geworteld is in Gods Woord, dat leven is, niet alleen gebruikt worden als een kostbaar instrument voor God, maar zal ook genieten van de overvloedige zegeningen in zijn leven.

Dit is net zoals Jeremia 17: 8 ons vertelt, "Hij toch zal zijn als een boom, aan het water geplant, die zijn wortels tot aan een beek uitslaat, en het niet merkt, als er hitte komt, maar welks loof groen blijft, die in een jaar van droogte geen zorg heeft en niet nalaat vrucht te dragen." Hier, verwijst "water" geestelijk naar Gods Woord, en een persoon die zo'n zegeningen heeft ontvangen, zal de aanbiddingdiensten waarin

Gods Woord wordt verkondigd kostbaar achten. Aanbidding is een ceremonie waarin respect en verering wordt getoond voor goddelijkheid. Kortom, wanneer christenen aanbidden is dat een ceremonie waarin we dank geven aan God en Hem verheffen met ons respect, lof en eer. In zowel het Oude Testament als hedendaags, heeft God gezocht en zoekt nog steeds naar degenen die Hem aanbidden in geest en waarheid.

De kleinste details over aanbidding zijn opgeschreven in Leviticus, in het Oude Testament. Sommige mensen beweren, dat Leviticus, het boek dat in het Oude Testament is opgenomen over de wetten van offers voor God brengen, vandaag de dag irrelevant voor ons is. Dit kon niet valser zijn omdat de betekenis van de wetten van het Oude Testament over aanbidding, vast zijn gelegd op de wijze waarop wij heden aanbidden. Zoals het het geval was tijdens de Oudtestamentische tijden, is aanbidding tijdens de Nieuwtestamentisch tijden de manier waarop wij God ontmoeten. Alleen wanneer wij de geestelijke betekenis van de Oudtestamentische wetten over offers volgen, welke onberispelijk waren, kunnen wij ook God in geest en waarheid aanbidden in Nieuwtestamentische tijden.

Dit werk doorgrondt de lessen en de betekenis van de verschillende offers, voorzien van individueel onderzoek over brandoffers, spijsoffers, vredeoffers, zondeoffers en schuldoffers, zoals ze nu worden toegepast voor ons die in de Nieuwtestamentische tijd leven. Dit zal helpen om tot in detail uit te leggen hoe wij God behoren te dienen. Om het verstaan van de wetten over offers voor de lezer te vergemakkelijken, bevat dit werk kleurenfoto's van het panoramische zicht van het tabernakel, van het interieur van het Heiligdom en het Heilige der Heiligen en van de voorziene instrumenten die bij de aanbidding horen.

God zegt ons, "Weest heilig, want Ik ben heilig" (Leviticus 11: 45; 1 Petrus 1: 16), en verlangt van een ieder van ons dat wij de wetten over offers die opgeschreven staan in Leviticus volledig begrijpen en een heilig leven leiden. Ik hoop dat u elk aspect van offers uit het Oude Testament en de aanbidding uit het Nieuwe Testament zult begrijpen. Ik hoop ook dat u de manier zult onderzoeken waarop u aanbidt en God gaat aanbidden op een wijze die Hem welgevallig is.

Ik bid in de naam van onze Heer Jezus Christus dat net zoals Salomo God welgevallig was met zijn duizend brandoffers, iedere lezer van dit werk gebruikt mag worden als een kostbaar instrument voor God, en geplant zal zijn als een boom bij het water, mag genieten van de overvloedige zegeningen door God de geur van liefde te geven en dankbaarheid door Hem te aanbidden in geest en in waarheid!

Februari 2010
Dr. Jaerock Lee

Inhoudsopgave

Aanbidden in Geest en Waarheid

Inleiding

Hoofdstuk 1
Geestelijke aanbidding welke God accepteert   1

Hoofdstuk 2
Oudtestamentische offers zoals opgeschreven staat in Leviticus   17

Hoofdstuk 3
Het brandoffer   43

Hoofdstuk 4
Het spijsoffer   67

Hoofdstuk 5
Het vredeoffer   83

Hoofdstuk 6
Het zondeoffer   95

Hoofdstuk 7
Het schuldoffer   111

Hoofdstuk 8
Geef uw lichaam als een levend en heilig offer   123

Hoofdstuk 1

Geestelijke aanbidding welke God accepteert

"God is geest en wie Hem aanbidden, moeten aanbidden in geest en in waarheid."

Johannes 4: 24

1. Offers in het Oude Testament en aanbidding in het Nieuwe Testament

Oorspronkelijk was Adam, de eerste mens die geschapen werd, een schepsel dat rechtstreekse en intieme gemeenschap met God kon hebben. Na de verleiding door Satan en de zonde, werd Adams intieme relatie met God verbroken. Voor Adam en zijn nakomelingen, had God een weg van vergeving en redding voorbereid en opende de weg waardoor ze hun communicatie met God konden herstellen. Die weg wordt gevonden in de methodes van offeren in de Oudtestamentische tijden, welke God genadevol voorzag.

Offers tijdens de Oudtestamentische tijden werden niet door mensen bedacht. Ze werden door God Zelf voorgeschreven en geopenbaard. Dit weten we vanuit Leviticus 1: 1 en verder, "De Here nu riep Mozes en sprak tot hem uit de tent der samenkomst, zeggende:..." We kunnen dit ook vermoeden van het offer dat Abel en Kaïn, de zonen van Adam, aan God brachten (Genesis 4: 2-4).

Deze offers, volgen overeenkomstig de betekenis van elk, specifieke regels. Ze zijn onderverdeeld in brandoffers, spijsoffers, vredeoffers, zondoffers, en schuldoffers en afhankelijk van de ernst van de zonde en de omstandigheden van de mensen die de offers brachten konden ze stieren, lammeren, geiten, duiven en meel offeren. Priesters die het brengen van offers leidden moesten zelfbeheersing uitoefenen in hun leven, voorzichtig zijn in hun gedrag, zichzelf bekleden met een efod die afgezonderd was, en offers brengen die met de uiterste zorg waren voorbereid overeenkomstig de opgestelde regels. Zulke offers waren uiterlijke formaliteiten die ingewikkeld en streng waren.

Tijdens het Oude Testament, nadat een persoon had gezondigd, kon hij alleen worden verlost na het brengen van een zondeoffer door een dier te doden, en door het bloed werd de zonde verzoend. Hetzelfde bloed van dieren dat jaar na jaar werd geofferd kon de mensen niet volledig vergeven van hun zonden; deze offers waren tijdelijke verzoeningen en dus niet volmaakt. Dat komt omdat volkomen verlossing van de mens van zonde alleen mogelijk is door het leven van een ander persoon.

1 Korintiërs 15: 21 vertelt ons, "Want, dewijl de dood er is door een mens, is ook de opstanding der doden door een mens" Om die reden, kwam Jezus, de Zoon van God naar deze wereld in het vlees en ondanks dat hij zondeloos was, vergoot Hij Zijn bloed aan het kruis en stierf. Toen Jezus voor eens en altijd het offer werd (Hebreeën 9: 28), was het niet langer nodig om bloed offers te brengen die complexe en strenge regels vereisten.

Zoals we lezen in Hebreeën 9: 11-12, "Maar Christus, opgetreden als hogepriester der goederen, die gekomen zijn, is door de grotere en meer volmaakte tabernakel, niet met handen gemaakt, dat is, niet van deze schepping, en dat niet met het bloed van bokken en kalveren, maar met zijn eigen bloed, eens voor altijd binnengegaan in het heiligdom, waardoor Hij een eeuwige verlossing verwierf." Jezus volbracht de eeuwige verlossing.

Door Jezus Christus, offeren wij niet langer aan God bloedoffers, maar kunnen wij nu voor Hem staan en Hem een levend en heilig offer brengen. Dit is de dienst van aanbidding in het Nieuwe Testament. Terwijl Jezus één offer bracht voor de zonde van alle tijden, door genageld te worden aan het kruis en Zijn bloed te vergieten (Hebreeën 10: 11-12), wanneer wij in ons hart geloven dat we verlost zijn van zonden en Jezus Christus aanvaarden, kunnen wij vergeving van zonden ontvangen. Dit is niet een ceremonie die de daad benadrukt, maar een demonstratie van geloof die vanuit ons hart komt. Het is een levend en heilig offer en een geestelijke dienst van aanbidding (Romeinen 12: 1). Dit betekent niet dat de offers van het Oude Testament zijn afgeschaft. Wanneer het Oude Testament een schaduw is, dan is het Nieuwe Testament de juiste vorm. Zoals met de Wet, zijn de wetten over offers in het Oude Testament vervolmaakt in het Nieuwe Testament door Jezus. In het Nieuwe Testament is de formaliteit slechts veranderd in een aanbiddingdienst. Net zoals God rekening hield met onschuldige en reine offers in het Oude Testament, zal Hij behagen hebben met onze aanbiddingdiensten die wij in het Nieuwe Testament offeren in Geest en waarheid. De strenge formaliteiten en procedures benadrukten niet alleen de uiterlijke ceremonies, maar bevatten ook een geestelijke betekenis met grote diepte. Ze dienen als een indicator waarmee wij onze houding tijdens aanbidding kunnen onderzoeken.

Ten eerste, na het vergelden of nemen van verantwoordelijkheid over de fouten die we gedaan hebben tegenover de buren, broers of God (schuldoffers), moet een gelovige naar zijn leven terugkijken over de vorige week, zijn zonden belijden, en vergeving zoeken (zondeoffer), en dan aanbidden met een rein hart en in oprechtheid (brandoffer). Wanneer wij God behagen door offers te geven die voorbereid zijn met de uiterste zorg in dankbaarheid voor Zijn genade die ons beschermde tijdens de voorgaande week (spijsoffer) en door Hem onze hartverlangens te vertellen (vredeoffer), zal Hij onze hartverlangens geven en ons de sterkte en de kracht geven om de wereld te overwinnen. Zoals, tijdens de aanbiddingdiensten in het Nieuwe Testament zijn er vele betekenissen van de wet van offers in het Oude Testament in op genomen. De wet van offers van het Oude Testament zullen tot in detail worden uitgelegd vanaf hoofdstuk 3 en verder.

2. Aanbidden in Geest en waarheid

In Johannes 4: 23-24 vertelt Jezus ons, "maar de ure komt en is nu, dat de waarachtige aanbidders de Vader aanbidden zullen in geest en in waarheid; want de Vader zoekt zulke aanbidders; God is geest en wie Hem aanbidden, moeten aanbidden in geest en in waarheid." Dit is een deel van wat Jezus vertelde aan een vrouw die Hij had ontmoet toen Hij in een Samaritaanse stad van Sychar was. De vrouw vroeg Jezus, die een gesprek met haar aanging door haar om water te vragen, over de plaats van aanbidding, een onderwerp dat een lang voorwerp van nieuwsgierigheid is geweest (Johannes 4: 19-20).

Terwijl de joden offers hadden gebracht in Jeruzalem, waar de Tempel was gelegen, brachten de Samaritanen hun offers op de berg Gerizim. Dat komt omdat toen Israël in tweeën werd gesplitst tijdens de regering van Rehoboam, de zoon van Salomo, Israël in het noorden een hoge plaats ontwierp, om zo de mensen te verhinderen om naar de Tempel in Jeruzalem te gaan. Terwijl de vrouw zich hiervan bewust was, wilde zij weten waar de juiste plaats van aanbidding was.

Voor de mensen van Israël, had de plaats van aanbidding een veelbetekenende betekenis. Als God in de Tempel aanwezig was, dan scheidden zij de plaats en geloofden dat het het centrum van het universum was. Omdat de hart gesteldheid waarmee iemand God aanbidt echter belangrijker is dan een plaats of locatie van aanbidding, terwijl Jezus Zichzelf openbaarde als de Messias, maakte Hij ook bekend dat het begrip aanbidding ook moest worden vernieuwd.

Wat betekent "Aanbidden in geest en waarheid"? "Aanbidden in geest" is om het Woord van God, de 66 boeken van de Bijbel tot brood te maken in de inspiratie en volheid van de Heilige Geest, en te aanbidden vanuit het diepst van ons hart samen met de Heilige Geest die in ons woont. "Aanbidden in waarheid" is, om samen met het juiste begrip van God, Hem te aanbidden met ons hele lichaam, hart, wil en oprechtheid, door Hem vreugde, dankbaarheid, gebed, lofprijs, daden en offers te geven.

Of God nu onze aanbidding wel of niet aanneemt, hangt niet af van onze uiterlijke verschijning of de grote van onze offers, maar van de mate waarmee wij aan Hem geven vanuit onze individuele omstandigheden. God zal het vreugdevol aannemen en de verlangens van het hart beantwoorden aan degenen die Hem aanbidden vanuit het diepst van hun hart en Hem vrijwillig offers geven. Hij neemt echter geen aanbidding aan van onbeschaamde mensen wiens harten gedachteloos zijn en enkel bezig zijn met wat anderen over hen denken.

3. Aanbidding offeren welke God accepteert

Degenen van ons die in het Nieuwe Testament leven, terwijl alle Wetten door Jezus Christus vervuld werden, moeten God op een volmaakte wijze aanbidden. Dat komt omdat liefde het grootste gebod is dat aan ons gegeven werd door Jezus Christus die de Wet met liefde vervulde. Aanbidding is dan een uitdrukking van onze liefde voor God. Sommige mensen belijden hun liefde voor God met hun mond maar vanuit de manier waarop zij Hem aanbidden, lijkt het soms twijfelachtig of zij nu God wel of niet waarlijk liefhebben vanuit het diepst van hun harten.

Wanneer wij iemand zouden ontmoeten die ouder in rang of leeftijd is, dan zou onze houding, kleding en hart netjes zijn. Als wij hem een geschenk zouden geven, zouden wij een smetteloos geschenk moeten voorbereiden met de uiterste zorg. Nu, is God de Schepper van het heelal en is waardig om alle glorie en eer van Zijn schepping te ontvangen. Als wij God aanbidden in geest en waarheid, kunnen wij nooit op ongepaste wijze voor Hem komen. We moeten onszelf altijd onderzoeken of we al dan niet ongepast hebben gehandeld en er zeker van zijn dat we deelnemen aan de aanbiddingdienst met heel ons lichaam, hart, wil en zorg.

1) We kunnen niet te laat komen voor de diensten.

Terwijl aanbidding een ceremonie is waarbij wij de geestelijke autoriteit van de onzichtbare God erkennen, zullen wij Hem enkel vanuit ons hart hebben erkend, als wij deel hebben genomen overeenkomstig de regels en voorschriften die Hij heeft opgelegd. Daarom, is het ongepast om te laat te komen voor de diensten, ongeacht wat de redenen zijn.

Omdat de dienst een tijd is die wij beloofd hebben om aan God te geven, moeten wij voorafgaand aan de dienst aanwezig zijn, onszelf toewijden aan gebed, en de dienst met ons hart voorbereiden. Als wij een koning, een president of een eerste minister zouden ontmoeten, zouden wij ongetwijfeld vroeger aankomen en met een voorbereid hart wachten. Hoe kunnen we dan te laat komen of gehaast zijn wanneer we een ontmoeting hebben met God, die veel groter en majestueuzer is?

2) We moeten onverdeelde aandacht schenken aan de boodschap.

Een herder (een voorganger) is een bedienaar, die door God gezalfd is; hij is gelijkwaardig aan een priester uit het Oude Testament. Een herder die opgericht is om het Woord te verkondigen van een geheiligd altaar is een gids die de kudde met schapen naar de Hemel leidt. Daarom beschouwt God een ongepaste handeling of ongehoorzaamheid naar de herder toe, als een ongepaste handeling of ongehoorzaamheid naar God Zelf toe. In Exodus 16: 8 kunnen we zien dat wanneer het volk van Israël mopperde en tegen Mozes opstonden, zij het in feite als tegen God deden. In 1 Samuel 8: 4-9, toen de mensen ongehoorzaam waren aan de profeet Samuël, beschouwde God het als een daad van ongehoorzaamheid tegen Hem. Bovendien, wanneer u praat met de persoon die naast u zit of uw gedachten zijn vervuld met ijdele gedachten terwijl de herder een boodschap van God brengt, dan bent u ook op ongepaste wijze voor God.

Indutten of in slaap vallen tijdens de diensten, is ook een handeling van ongepast gedrag. Kunt u zich voorstellen hoe onbeleefd het zou zijn voor een secretaris of dienaar om in slaap te vallen tijdens een bijeenkomst die georganiseerd werd door de president? Evenzo, is het indutten of in slaap vallen in het heiligdom, dat het lichaam van onze Heer is, een ongepaste handeling voor God, de herder en uw broeders en zusters in het geloof.

Het is ook onacceptabel om te aanbidden met een gebroken geest. God zal de aanbidding die gebracht wordt zonder dankbaarheid en vreugde, maar te midden van verdriet niet aannemen. Daarom moeten wij deelnemen aan de aanbiddingdiensten in afwachting van de boodschap die vanuit de hoop van de Hemel voort komt, en het aannemen met een dankbaar hart om de genade van redding en liefde. Het is ook ongepast om een persoon aan te raken of te praten met een persoon die aan het bidden is voor God. Net zoals u een gesprek niet mag onderbreken tussen uw gelijke en uw meerdere, is het ongepast om een persoon tijdens zijn gesprek met God te onderbreken.

3) Alcohol en tabak zouden niet gebruikt moeten worden voorafgaand aan aanbiddingdiensten.

God zal de onbekwaamheid van een nieuw gelovige om te stoppen met drinken en roken mede door een zwak geloof niet als zonde beschouwen. Wanneer een persoon echter gedoopt is en een positie heeft in de kerk, en dan nog drinkt en rookt, is dit een handeling van ongepast gedrag voor God.

Zelfs ongelovigen denken dat het ongepast en verkeerd is om naar de kerk te gaan terwijl u alcohol hebt gedronken of net hebt gerookt. Wanneer een persoon de vele problemen en zonden bekijkt die voortkomen vanuit het drinken en roken, zal hij in staat zijn om door de waarheid te onderscheiden hoe hij zichzelf moet gedragen als een kind van God.

Roken veroorzaakt verschillende soorten van kanker en is dus schadelijk voor het lichaam, terwijl drinken kan leiden tot dronkenschap, en dat kan de bron zijn van ongepast gedrag en taalgebruik. Hoe kan een gelovige die rookt of drinkt als een voorbeeld zijn voor een kind van God, en wiens gedrag zelfs oneer aan Hem brengt? Daarom, wanneer u waar geloof hebt, moet u snel zijn met het verwerpen van uw vroegere wegen. Zelfs wanneer u een nieuw gelovige bent, moet u elke poging nemen om de vroegere manieren van leven te verwerpen en op een gepaste wijze voor God te komen.

4) We moeten de sfeer van de aanbiddingdienst niet verstoren of bezoedelen.

Een heiligdom is een heilige plaats, die apart gezet is voor aanbidding, gebed, en om God te prijzen. Wanneer ouders hun kinderen toestaan om te huilen, lawaai te maken of rond te rennen, zal het kind andere leden van de kerk tegenhouden om te aanbidden met hun hele hart. Dat is ook ongepast gedrag voor God.

Het is ook oneerbiedig om boos of kwaad te worden of over iemands zaak of amusement van buiten te praten in het heiligdom. Kauwgom eten, hard praten met de mensen die naast u zitten, of opstaan en naar buiten wandelen tijdens de dienst, laten ook een gebrek aan eerbied zien. Een hoed, T-shirt, trui of lichte sandalen en slippers dragen laten ook een gebrek aan eerbied zien. De uiterlijke verschijning is niet belangrijk, maar de innerlijke houding van een persoon en zijn hart, worden vaak gereflecteerd aan iemands uiterlijke verschijning. De zorg waarmee een persoon de dienst voorbereidt, wordt gezien in de houding en uiterlijke verschijning.

Een goed begrip hebben van God en wat Hij van ons verlangt, staat ons toe om Hem geestelijke diensten van aanbidding te offeren, welke God aanvaard. Wanneer wij God aanbidden op een manier die Hem welgevallig is – wanneer wij Hem aanbidden in geest en waarheid – zal Hij ons de kracht geven om te begrijpen vanuit het diepst van ons hart, zullen wij overvloedige vrucht dragen, en genieten van de ontzagwekkende genade en zegeningen waarmee Hij ons overspoelt.

4. Een leven dat gekenmerkt wordt door aanbidding in Geest en waarheid

Wanneer wij God aanbidden in geest en waarheid, worden onze levens vernieuwd. God wil dat het leven van elk persoon in zijn geheel een leven is dat gekenmerkt wordt door aanbidding in geest en waarheid. Hoe behoren wij ons te gedragen zodat God onze geestelijke dienst van aanbidding met vreugde zal aannemen?

1) We moeten ons altijd verblijden.

Ware vreugde komt niet alleen voort vanuit redenen om vreugdevol te zijn, maar zelfs wanneer we met pijn en moeilijke zaken geconfronteerd worden. Jezus Christus, die wij hebben aangenomen als onze Redder, Hij is de reden voor ons om ons altijd te verblijden, want Hij heeft al onze vloeken op zich genomen.

Toen wij op het pad van vernietiging waren, verloste Hij ons van zonden door Zijn bloed te vergieten. Hij nam onze armoede en ziekten op Zich, en Hij verbrak de banden van goddeloosheid, tranen, verdriet en dood. Bovendien, heeft Hij de autoriteit van de dood vernietigd en is opgestaan, en Hij gaf ons daarbij de hoop van opstanding en staat ons toe om het echte leven en de mooie Hemel te bezitten.

Wanneer wij Jezus Christus bezitten door geloof als onze bron van vreugde, dan is er niets anders voor ons dan ons te verblijden. Omdat we de mooie hoop in het leven na de dood hebben en eeuwige vreugde zullen hebben, zelfs wanneer we geen eten hebben en gebonden zijn door de problemen in de familie, en zelfs wanneer we omringt zijn met moeilijkheden en vervolgingen, is de realiteit irrelevant voor ons. Zolang ons hart dat met liefde gevuld is voor God niet wankelt en onze hoop voor de Hemel niet schudt, zal de vreugde nooit vervagen. Dus wanneer onze harten gevuld zijn met Gods genade en de hoop voor de Hemel, zal vreugde te allen tijde opspringen, en dan zullen de moeilijkheden snel veranderen in zegeningen.

2) We moeten bidden zonder op te houden.

Er zijn drie betekenissen voor "bidden zonder op te houden." Ten eerste, is het een gewoonte om te bidden. Zelfs Jezus, tijdens Zijn bediening, zocht een stille plaats waar Hij kon bidden overeenkomstig "Zijn gewoonte." Daniel bad drie keer per dag op geregelde basis en Petrus en de andere discipelen zetten ook tijd apart om te bidden. We moeten ook als gewoonte bidden om de hoeveelheid aan gebed te vullen en om te verzekeren dat de olie van de Heilige Geest nooit op raakt. Alleen dan kunnen wij Gods Woord tijdens de aanbiddingdiensten begrijpen en de kracht ontvangen om te leven door het Woord van God.

Ten tweede, kan "gebed zonder op te houden" soms niet worden geregeld door een schema of gewoonte. Er zijn vele keren wanneer de Heilige Geest ons aanspoort om te bidden, zelfs buiten de tijden wanneer we gewoonlijk bidden. We horen vaak getuigenissen van mensen die moeilijkheden hebben ontweken of beschermd werden van ongevallen toen zij gehoorzaamden in gebed op zo'n momenten.

Als laatste, is "gebed zonder op te houden" om dag en nacht te mediteren over Gods woord. Ongeacht van waar, met wie, of wat de persoon aan het doen is, moet de waarheid in zijn hart levend en actief zijn werk doen.

Gebed is als adem voor onze geest. Net zoals het lichaam sterft wanneer het ademen van het lichaam stopt, leidt het stoppen met "gebed zonder op te houden" naar verzwakking en uiteindelijk sterft de geest. Er kan gezegd worden dat een persoon "bidt zonder op te houden" wanneer hij het niet alleen uitroept in gebed op een specifiek moment, maar wanneer hij over het Woord mediteert dag en nacht, en er ook naar leeft. Wanneer Gods Woord een verblijfplaats in zijn hart heeft en hij leidt zijn leven in gemeenschap met de Heilige Geest, zal elk aspect in zijn leven voorspoedig zijn en zal hij duidelijk en intiem geleid worden door de Heilige Geest.

Net zoals de Bijbel ons vertelt om "eerst Zijn koninkrijk en Zijn gerechtigheid te zoeken", wanneer wij bidden voor Gods koninkrijk

– Zijn voorziening en de redding van zielen – in plaats van voor onszelf te bidden, zal God ons nog overvloediger zegenen. Er zijn toch vele mensen die alleen maar bidden wanneer ze moeilijkheden tegen komen of wanneer ze voelen dat ze ergens gebrek aan hebben, maar daarna nemen ze een onderbreking van gebed wanneer ze vrede hebben. Er zijn anderen die ijverig bidden wanneer zij gevuld zijn met de Heilige Geest, maar een onderbreking nemen wanneer zij de volheid verliezen.

Niettemin, moeten we altijd onze harten verzamelen en de geur van gebed voor God brengen waarin Hij welgevallen heeft. U kunt zich voorstellen hoe martelend en moeilijk het is om woorden tegen iemands wil eruit te krijgen en om te proberen om de tijd in gebed te vullen terwijl hij probeert te vechten tegen de slaap en ijdele gedachten. Dus, wanneer een gelovige zichzelf ziet als hebbende een mate van geloof, maar toch nog moeilijkheden heeft en het lastig vindt om met God te praten, zou hij zich dan niet moeten schamen dat hij zijn "liefde" voor God belijdt? Als u voelt alsof "Mijn gebed is geestelijk saai en dood," onderzoek dan uzelf om te zien hoe vreugdevol en dankbaar u geweest bent.

Het is heel zeker dat wanneer het hart van een persoon altijd vervuld is met blijdschap en dankbaarheid, het gebed vervuld zal zijn met de Heilige Geest en dat het niet dood maar tot grotere diepten zal doordringen. Een persoon zal zich dan ook niet onbekwaam voelen om te bidden. In plaats daarvan, hoe moeilijker het wordt, hoe meer hij zal dorsten naar Gods genade, die hem dwingt om het uit te roepen tot God met nog meer ernst en zijn geloof zal stap voor stap groeien.

Wanneer wij het in gebed uitroepen vanuit het diepst van ons hart, zonder op te houden, zullen wij overvloedige vruchten van gebed dragen. Ongeacht de beproevingen die op onze weg komen, we zullen de tijden van gebed onderhouden. En tot de mate waarin wij in gebed hebben uitgeroepen, zal de geestelijke diepte van geloof en liefde groeien, en zullen wij ook de genade met anderen delen. Daarom is het noodzakelijk voor ons om zonder op houden te bidden in vreugde en dankbaarheid zodat we de antwoorden van God ontvangen in de vorm van de mooie vrucht in geest en in vlees.

3) We moeten in alles dankbaar zijn.

Welke redenen heeft u om dankbaar te zijn? Boven alles, is er het feit dat wij, die bestemd waren om te sterven, gered zijn en de Hemel kunnen binnengaan. Het feit dat alles ons gegeven is, inclusief ons dagelijks brood en gezondheid, zijn er redenen genoeg voor ons om dankbaar te zijn. Bovendien, kunnen we ook dankbaar zijn ondanks de moeilijkheden en beproevingen omdat we in de almachtige God geloven.

God kent elk stukje van onze omstandigheden en situaties, en hoort al onze gebeden. Wanneer wij in God vertrouwen tot het einde, te midden van elke beproeving, zal Hij ons veel mooier uit deze beproevingen leiden.

Wanneer wij lijden om de naam van de Here, of zelfs wanneer we beproevingen tegenkomen door onze eigen fouten of tekortkomingen, wanneer wij echt in God vertrouwen, dan zullen wij ontdekken dat het enige wat wij kunnen doen, is dankbaar zijn. Wanneer we gebrek hebben of te kort schieten, zullen we des te dankbaarder zijn voor de kracht van God, die ons versterkt en de zwakken volmaakt maakt. Zelfs wanneer de realiteit waarmee wij geconfronteerd worden toenemend moeilijker wordt om te hanteren en te verdragen, zullen wij in staat zijn om dank te geven vanwege ons geloof in God. Wanneer wij dank hebben gegeven door geloof tot het einde, zullen alle dingen medewerken ten goede en ze zullen veranderen in zegeningen.

Altijd verblijden, bidden zonder ophouden en dankbaar zijn in alles, zijn allemaal maatstaven waarmee we kunnen meten hoeveel vruchten wij hebben gedragen in de geest en in het vlees door ons leven in geloof. Des te meer iemand streeft om zich te verblijden ongeacht de situaties, het zaad van vreugde zaait, en dankbaar is vanuit het diepst van zijn hart, terwijl hij de redenen zoekt om dankbaar te zijn, des te meer de vrucht van vreugde en dankbaarheid zal zijn die hij draagt. Het is ook zo met gebed; des te meer we bidden, des te grotere kracht en antwoorden we zullen oogsten als vrucht.

Daarom, door God elke dag geestelijke aanbidding te offeren, welke Hij verlangt en waarin Hij welgevallen heeft door dat u zich altijd verblijd, bidt zonder op te houden en altijd dankbaar bent (1 Thessalonicenzen 5: 16-18), hoop ik dat u grote en overvloedige vruchten in geest en lichaam zult dragen.

Hoofdstuk 2

Oudtestamentische offers zoals opgeschreven staat in Leviticus

"De Here nu riep Mozes en sprak tot hem uit de tent der samenkomst: Spreek tot de Israëlieten en zeg tot hen: "Wanneer iemand onder u de Here een offergave brengen wil, dan zult gij uw offergave brengen van het vee, zowel van het rundvee als van het kleinvee.""

Leviticus 1:1-2

1. De belangrijkheid van Leviticus

Er wordt vaak gezegd dat Openbaringen in het Nieuw Testament en Leviticus in het Oude Testament de moeilijkste delen van de Bijbel zijn om te begrijpen. Om die reden, slaan sommige mensen die delen over wanneer ze de Bijbel lezen, terwijl anderen denken dat de wetten over het offeren vanuit het Oude Testament niet meer relevant zijn voor ons vandaag de dag. Als die delen echter irrelevant voor ons waren, zou er geen reden zijn waarom God ze heeft laten opschrijven in de Bijbel. Omdat elk woord in het Nieuwe Testament alsook van het Oude Testament noodzakelijk zijn voor ons leven in Christus, heeft God het toegestaan dat ze in de Bijbel werden geschreven (Mattheüs 5: 17-19).

De wetten over het offeren in het Oude Testament zijn niet afgedankt in het Nieuwe Testament. Net zoals het is met de gehele Wet, zijn de wetten over offeren in het Oude Testament ook vervuld door Jezus in het Nieuwe Testament. De gevolgen van de betekenissen van de wetten met betrekking tot het offeren van het Oude Testament zijn opgenomen in elke stap van de moderne eredienst in Gods heiligdom en het offeren van het Oude Testament is gelijkwaardig aan het bijwonen van aanbiddingdiensten. Eens we duidelijk de wetten van offeren vanuit het Oude Testament en hun betekenis begrijpen, zullen wij in staat zijn om een binnenweg naar de zegeningen te volgen waarbij wij God zullen ontmoeten en Hem zullen ervaren door het correct begrijpen hoe we Hem behoren te aanbidden en te dienen.

Leviticus is een deel van Gods Woord dat geldt voor iedereen die vandaag in Hem gelooft. Dat komt omdat we in 1 Petrus 2: 5 kunnen lezen, "en laat u ook zelf als levende stenen gebruiken voor de bouw van een geestelijk huis, om een heilig priesterschap te vormen, tot het brengen van geestelijke offers, die Gode welgevallig zijn door Jezus Christus." Dat iedereen die redding heeft ontvangen door Jezus Christus voor God kan komen, net zoals de priesters in het Oude Testament dat deden.

Leviticus is opgedeeld in twee grote delen. Het eerste deel is vooral gericht op hoe onze zonden zijn vergeven. Het bestaat eigenlijk uit de wetten over offers om vergeving van zonden te ontvangen. Het beschrijft ook de kwalificaties en verantwoordelijkheden van de priesters die zijn aangesteld om de offers te brengen tussen God en het volk. Het tweede deel beschrijft tot in detail de zonden die Gods uitverkorenen, Zijn heilig volk, nooit mogen doen. Kortom, elke gelovige moet Gods wil leren dat gevonden wordt in Leviticus, welke de nadruk legt op hoe een heilige relatie te behouden met God.

De wetten over offeren in Leviticus leggen de methodologie uit over hoe wij moeten aanbidden. Net zoals we God ontmoeten en Zijn antwoorden en zegeningen ontvangen door de aanbiddingdiensten, ontvingen de mensen in het Oude Testament vergeving van zonden en ervoeren Gods werken door het brengen van offers. Na Jezus Christus, verblijft de Heilige Geest echter in ons en hebben wij de toestemming om gemeenschap te hebben met God, wanneer wij Hem aanbidden in geest en waarheid, te midden van de werken van de Heilige Geest.

Hebreeën 10: 1 vertelt ons, "Want daar de wet slechts een schaduw heeft der toekomstige goederen, niet de gestalte dier dingen zelf, is zij nimmer in staat ieder jaar met dezelfde offeranden, die onafgebroken gebracht worden, degenen, die toetreden, te volmaken." Als er een gestalte is, dan is er ook een schaduw van dat gestalte. Heden, is het "gestalte" het feit dat we kunnen aanbidden door Jezus Christus en in het Oude Testament, onderhielden de mensen hun relatie met God door offers te brengen, welke een schaduw waren.

Offers voor God moeten gegeven worden overeenkomstig de regels die Hij verlangt: God aanvaardt geen aanbidding, geofferd door een persoon die het gegeven heeft overeenkomstig zijn eigen wegen. In Genesis 4, zien we dat terwijl God het offer van Abel, die de wil van God volgde, aanvaardde, maar geen aandacht schonk aan het offer van Kaïn, die zijn eigen methodes van offeren had bedacht.

Evenzo, is er aanbidding welke God welgevallig is en aanbidding dat afdwaalt van Zijn regels en dus irrelevant voor God wordt. In de wetten over het brengen van offers in Leviticus, is praktische informatie te vinden over het soort van aanbidding waardoor we God antwoorden en zegeningen kunnen ontvangen en waarmee we Hem kunnen behagen.

2. God riep tot Mozes vanuit de tent der samenkomst

Leviticus 1: 1 zegt, "De Here nu riep Mozes en sprak tot hem uit de tent der samenkomst…" De tent der samenkomst was een beweegbaar heiligdom die de snelle verplaatsingen van het volk Israël vergemakkelijkte, terwijl ze in de wildernis leefden, en dat is waar God Mozes riep. De tent der samenkomst verwijst naar het tabernakel bestaande uit het Heiligdom en het Heilige der Heiligen (Exodus 30: 18; 30: 20, 39: 32 en 40: 2). Het kan ook collectief verwijzen naar het tabernakel alsook naar de wandtapijten die om het voorhof waren gewikkeld (Numeri 4: 31; 8: 24).

Volgende de Exodus en op hun reis naar het land Kanaän, spendeerde het volk Israël een lange tijd in de woestijn en moesten constant verder trekken. Om die reden kon de tempel waar offers aan God gebracht werden, niet gemaakt worden in een permante structuur, maar het was een tabernakel dat gemakkelijk kon bewegen. Om die reden, wordt de structuur ook de "tempel van het tabernakel" genoemd.

In Exodus 35-39 worden de specifieke details van de opbouw van het tabernakel beschreven. God Zelf gaf Mozes de details van de structuur van het tabernakel en de materialen die voor de opbouw moesten worden gebruikt. Toen Mozes de gemeente vertelde over de materialen die nodig waren voor de opbouw van het tabernakel, brachten zij blijmoedig zoveel mogelijk van de bruikbare materialen zoals goud, zilver, brons; verschillende soorten stenen; blauwe, paarse en scharlaken materialen, en fijne linnen; ze brachten ook het haar van geiten, de huid van rammen, en de huid van bruinvissen, welke Mozes het volk had opgedragen om te brengen (Exodus 36: 5-7).

Het tabernakel werd dus gebouwd met de geschenken die vrijwillig door de gemeente werden geofferd. Voor de Israëlieten die op weg waren naar Kanaän, na het verlaten van Egypte, alsof ze op de vlucht waren, konden de kosten van de bouw van de tabernakel niet klein zijn. Ze hadden geen huizen of land. Ze konden geen rijkdom verzamelen door de landbouw. Echter, met het vooruitzicht van de belofte van God, die hen had verteld dat Hij onder hen zou wonen als ze een verblijfplaats voor Hem zouden maken, droeg het volk Israël alle kosten en inspanningen met vreugde en blijdschap. Want het volk Israël, die gedurende een lange periode hadden geleden onder ernstige misbruik en zware arbeid, was een van de grootste dingen waar ze dorstig naar waren, de vrijheid van slavernij. Als zodanig, beval God na hen te bevrijden van Egypte om het tabernakel te bouwen zodat Hij onder hen kon verblijven. Het volk Israël had geen reden om het uit te stellen, en het tabernakel werd dus gemaakt, met de vreugdevolle toewijding van de Israëlieten als het fundament.

Onmiddellijk na het binnengaan van het tabernakel, is het "Heiligdom", en wanneer u door het Heiligdom gaat, gaat u het "Heilige der Heiligen" binnen. Dat is de heiligste plek. Het Heilige der Heiligen huisvest de Ark der Getuigenis (de Ark van het Verbond). Het feit dat de Ark der Getuigenis, welke het Woord van God bevat, in het Heilige der Heiligen dient als een herinnering aan Gods tegenwoordigheid. Terwijl de tempel in zijn geheel een heilige plaats is, als het huis van God, is het Heilige der Heiligen een plaats die speciaal apart gezet is en beschouwd wordt als de heiligste plaats. Zelfs de hogepriester werd slechts één keer per jaar toegestaan om het Heilige der Heiligen binnen te gaan en die gelegenheid was er om een zonde offer aan God te brengen voor het volk. Het was verboden voor gewone mensen om er binnen te gaan. Dat komt omdat zondaren nooit voor God kunnen komen.

En toch, door Jezus Christus hebben wij allen het voorrecht verkregen om in staat te zijn voor God te komen. In Mattheüs 27:

50-51 kunnen we lezen, "Jezus riep wederom met luider stem en gaf de geest. En zie, het voorhangsel van de tempel scheurde van boven tot beneden in tweeën". Toen Jezus Zichzelf offerde door de dood aan het kruis om ons te verlossen van onze zonden, scheurde het voorhangel dat tussen het Heilige der Heiligen en ons instond in tweeën. Hier gaat Hebreeën 10: 19-20 verder op in, "Daar wij dan, broeders, volle vrijmoedigheid bezitten om in te gaan in het heiligdom door het bloed van Jezus, langs de nieuwe en levende weg, die Hij ons ingewijd heeft, door het voorhangsel, dat is, zijn vlees." Dat het voorhangsel scheurde toen Jezus Zijn lichaam geofferd werd in de dood betekent dat de muur van zonde tussen God en ons instortte. Nu kan iedereen die in Jezus Christus gelooft de vergeving van zonden ontvangen en op het pad gaan wandelen dat gemaakt is om voor de Heilige God te verschijnen. Terwijl alleen de priesters in het verleden tot God konden komen, kunnen wij nu een rechtstreekse en intieme relatie met Hem hebben.

3. De geestelijke betekenis van de tent der samenkomst

Welke betekenis heeft de tent der samenkomst voor ons vandaag? De tent der samenkomst is de gemeente waar de gelovigen vandaag aanbidden, het Heiligdom is het lichaam van de gelovigen die de Here hebben aangenomen, en het Heilige der Heiligen is ons hart, waar de Heilige Geest in verblijft. 1 Korintiërs 6: 19 herinnert ons aan het volgende, "Of weet gij niet, dat uw lichaam een tempel is van de Heilige Geest, die in u woont, die gij van God ontvangen hebt, en dat gij niet van uzelf zijt?" Nadat wij Jezus hebben aangenomen als Redder, werd de Heilige Geest aan ons gegeven als een gave van God. Daar de Heilige Geest in ons verblijft, zijn ons hart en lichaam een heilige tempel.

We kunnen ook in 1 Korintiërs 3: 16-17 vinden, "Weet gij niet, dat gij Gods tempel zijt en dat de Geest Gods in u woont? Zo iemand Gods tempel schendt, God zal hem schenden. Want de tempel Gods, en dat zijt gij, is heilig!" Net zoals we de zichtbare tempel van God rein en heilig moeten bewaren te allen tijde, moeten wij ook ons lichaam en hart te allen tijde rein en heilig bewaren, omdat het de verblijfplaats van de Heilige Geest is.

We lezen dat God iedereen zal vernietigen die de tempel van God vernietigd. Wanneer een persoon Gods kind is en de Heilige Geest heeft aangenomen, maar zichzelf blijft vernietigen, zal de Heilige Geest worden gedoofd in hem en er zal geen redding voor die persoon zijn. Alleen wanneer wij de tempel, waarin de Heilige Geest verblijft, bewaren door ons gedrag en ons hart, kunnen wij volkomen redding bereiken en directe en intieme gemeenschap met God hebben.

Daarom, betekent het feit dat God tot Mozes riep vanuit de tent der samenkomst dat de Heilige Geest ons roept van binnen in ons, en gemeenschap met ons zoekt. Het is normaal voor Gods kinderen, die redding hebben ontvangen om gemeenschap te hebben met Vader God. Ze moeten bidden door de Heilige Geest en aanbidden in geest en waarheid in een intieme relatie met God.

Mensen in het Oude Testament waren vanwege hun zonden niet in staat om gemeenschap te hebben met de Heilige God. Alleen de hogepriester kon het Heilige der Heiligen binnen het tabernakel binnen gaan en offers brengen aan God namens het volk. Vandaag, is het ieder kind van God toegestaan om het Heiligdom binnen te gaan om te aanbidden, te bidden en gemeenschap te hebben met God. Dat komt omdat Jezus ons van alle zonden heeft verlost.

Als wij Jezus Christus hebben aangenomen, verblijft de Heilige Geest in ons hart en wordt het beschouwd als het Heilige der Heiligen. Bovendien, net zoals God Mozes riep vanuit de tent der samenkomst, roept de Heilige Geest ons vanuit het diepst van ons hart en verlangt om gemeenschap met ons te hebben. Door ons toe te staan om de stem van de Heilige Geest te horen, en Zijn leiding te ontvangen, leidt de Heilige Geest ons om te leven in de waarheid en om God te begrijpen. Om de stem van de Heilige Geest te horen, moeten wij de zonde en alle slechtheid verwerpen in ons hart en geheiligd worden. Eens wij geheiligd zijn, zullen wij in staat zijn om de stem van de Heilige Geest duidelijk te horen en zullen de zegeningen zowel geestelijk als natuurlijk overvloedig aanwezig zijn.

4. De vorm van de tent der samenkomst

De vorm van de tent der samenkomst is heel eenvoudig. Iemand moet voorbij de poort gaan, waarvan de breedte ongeveer negen meter (ongeveer 29,5 feet) is aan het oosten van de tabernakel. Bij het binnenkomen van het voorhof van het tabernakel, zal iemand eerst voorbij het brandofferaltaar, gemaakt van brons, komen. Tussen dit altaar en het Heiligdom is een wasbekken of ceremoniebekken, daarna komt het Heiligdom en dan het Heilige der Heiligen, welke de kern van de tent der samenkomst is.

De afmetingen van het tabernakel bestaande uit het Heiligdom

De structuur van de tent der samenkomst

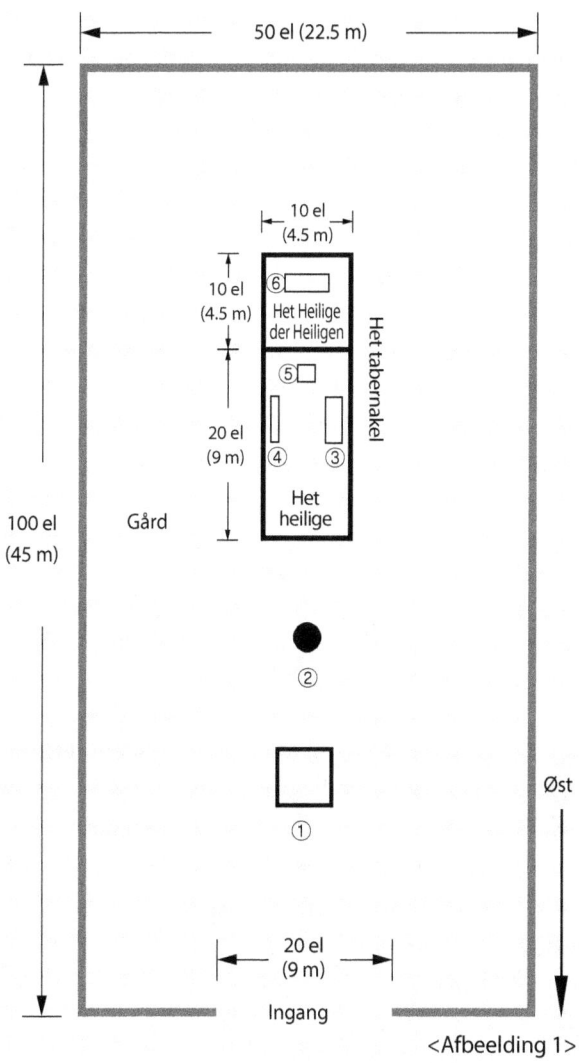

<Afbeelding 1>

Afmetingen
Voorhoven: 100 x 50 x 5 el
Ingang: 20 x 5 el
Het tabernakel: 30 x 10 x 10 el
Het heilige: 20 x 10 x 10 el
Het Heilige der Heiligen: 10 x 10 x 10 el
(* 1 el = ongeveer 44,96 cm)

Gebruiksvoorwerpen
1) Het altaar voor brandoffers
2) Het wasvat
3) De tafel met de toonbroden
4) Een kandelaar van zuiver goud
5) Het wierookaltaar
6) De Ark der getuigenis (De Ark van he Verbond)

en het Heilige der Heilige zijn vier en een halve meter (ongeveer 14,7 feet) in breedte, 13,5 meter (ongeveer 44,3 feet) in lengte, en vier en een halve meter (ongeveer 14,7 feet) in hoogte. Het gebouw staat op een fundament gemaakt van zilver, met de wanden die bestaan uit palen van acaciahout, die overdekt zijn met goud, en het dak bedekt met vier lagen van dekkleden. De cherubs zijn geweven op de eerste laag; de tweede is gemaakt van geitenhaar; de derde is gemaakt van ramshuid; en de vierde is gemaakt van tachashuid (dassenhuid).

Het Heiligdom en het Heilige der Heiligen zijn gescheiden van elkaar door een gordijn met cherubs erop geweven. De afmeting van het Heiligdom is twee keer zo groot als dat van het Heilige der Heiligen. In het Heiligdom zijn een Tafel der Toonbroden, een Kandelaar, en het Reukaltaar. Al deze voorwerpen zijn gemaakt van zuiver goud. Binnen in het Heilige der Heiligen is de Ark van de Getuigenis (De Ark van het Verbond).

Laat ons een samenvatting maken. Ten eerste, binnenin het Heilige der Heiligen was een heilige plaats waarin God verbleef en stond ook de Ark van de Getuigenis, waarboven het verzoendeksel is. Eén keer per jaar, op de verzoendag, ging de hogepriester het Heilige der Heiligen binnen en sprenkelde bloed over het verzoendeksel namens het volk om te verzoenen. Alles in het Heilige der Heiligen was gemaakt van zuiver goud. Binnen in de Ark van de Getuigenis zijn de twee stenen tafels waarop de Tien Geboden geschreven zijn, een kruikje met wat manna, en de staf van Aäron die had gebloed.

Het Heiligdom was waar de priesters konden binnengaan om

Afbeelding Bekijken

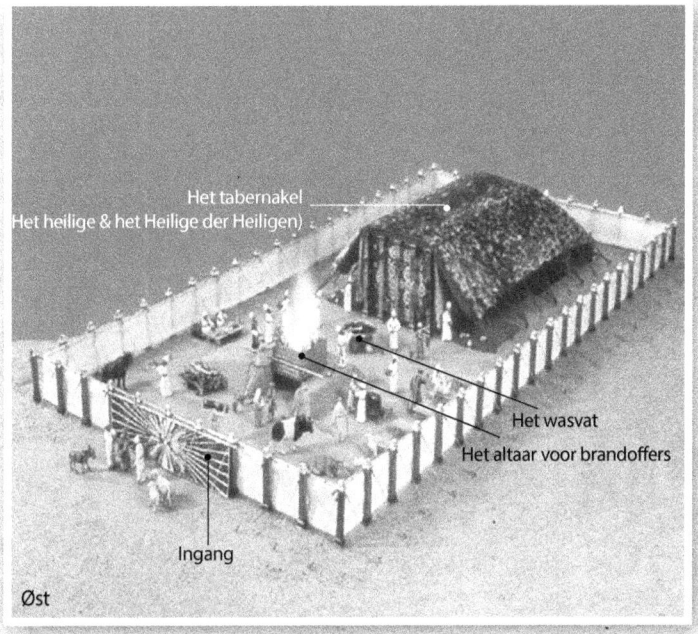

<Afbeelding 2>

Het vogelperspectief van de Tent des Samenkomst

Binnen de voorhoven zijn het brandofferaltaar (Exodus 30: 28), een wasvat (Exodus 30:18), en het tabernakel (Exodus 26:1, 36:8), en over de voorhoven hangen fijne getweernde linnen. Er is slechts één ingang in het oosten van het Tabernakel (Exodus 27: 13-16), en het symboliseert Jezus Christus, de enige deur tot redding.

Afbeelding Bekijken

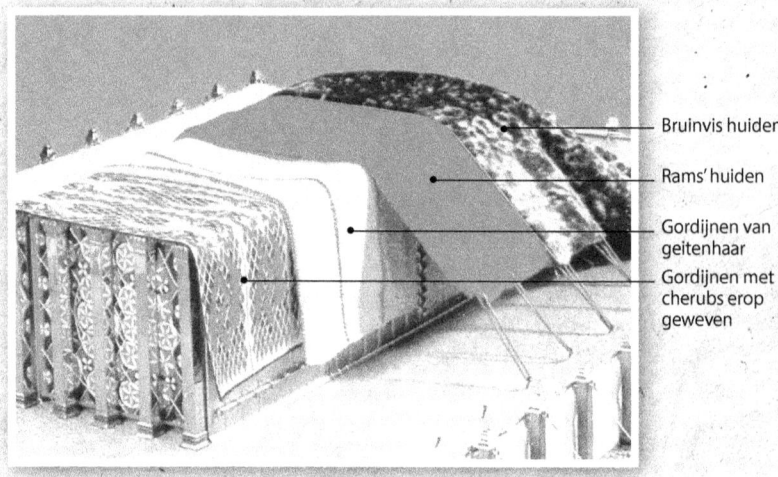

<Afbeelding 3>

Bedekkingen van het tabernakel

Vier lagen met dekkleden liggen over het tabernakel. Onderaan het gordijn zijn de cherubs geweven; daarbovenop zijn gordijnen van geitenhaar; daarbovenop van ramshuid; en helemaal bovenaan tachashuid (dassenhuid). De dekkleden op afbeelding 3 worden getoond, zodat elke laag zichtbaar is. Zonder de dekkleden, zijn zichtbaar de wandtapijten van het heilige vóór het Heiligdom, en daarachter het wierookaltaar en het voorhangsel vóór het Heilige der Heiligen.

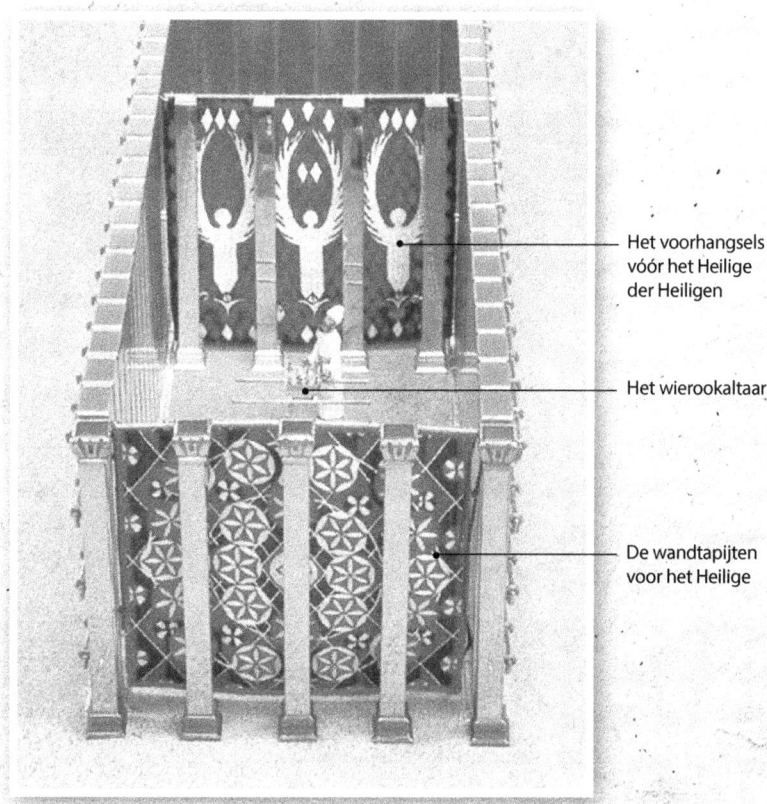

<Afbeelding 4>

Het heiligdom zonder de dekkleden

Aan de voorzijde zijn de gordijnen voor het heiligdom, en zichtbaar achter hen zijn het wierookaltaar en het voorhangsel vóór het Heilige der Heiligen.

Afbeelding Bekijken

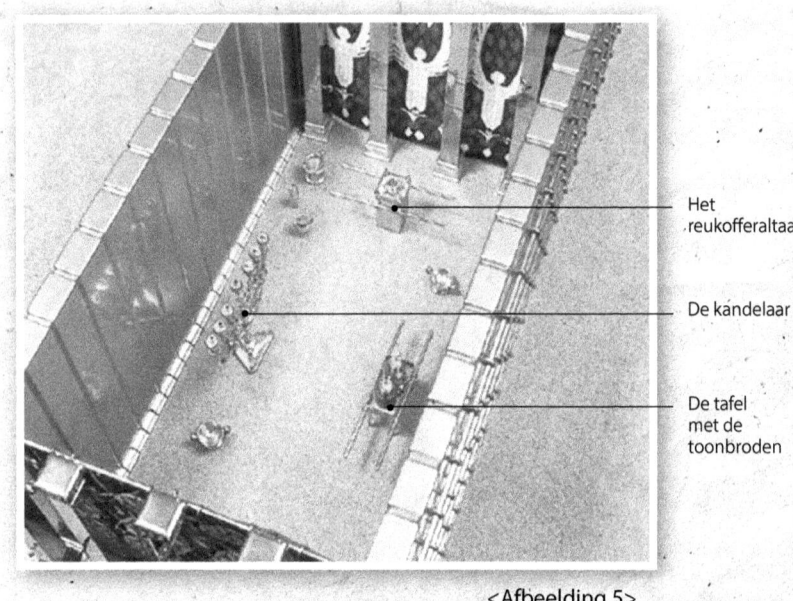

<Afbeelding 5>

Het interieur van het Heiligdom

In het midden van het Heiligdom staat de kandelaar gemaakt van zuiver goud (Exodus 25: 31), de tafel der toonbroden (Exodus 25: 30), en naar achteren toe is het reukofferaltaar (Exodus 30: 27).

<Afbeelding 6>
Het reukofferaltaar

<Afbeelding 7>
De tafel der toonbroden

<Afbeelding 8>
De kandelaar

Afbeelding Bekijken

<Afbeelding 9>

Binnenin het Heilige der Heiligen

De achterwand van het Heiligdom is verwijderd, zodat de binnenkant van het Heilige der Heiligen te zien is. Zichtbaar zijn de Ark des Verbonds, het verzoendeksel, en het voorhangsel vóór het Heilige der Heiligen in de richting van de achterzijde. Eenmaal per jaar, ging de hogepriester in een wit kleed het Heilige der Heiligen binnen en het bloed van het zondoffer.

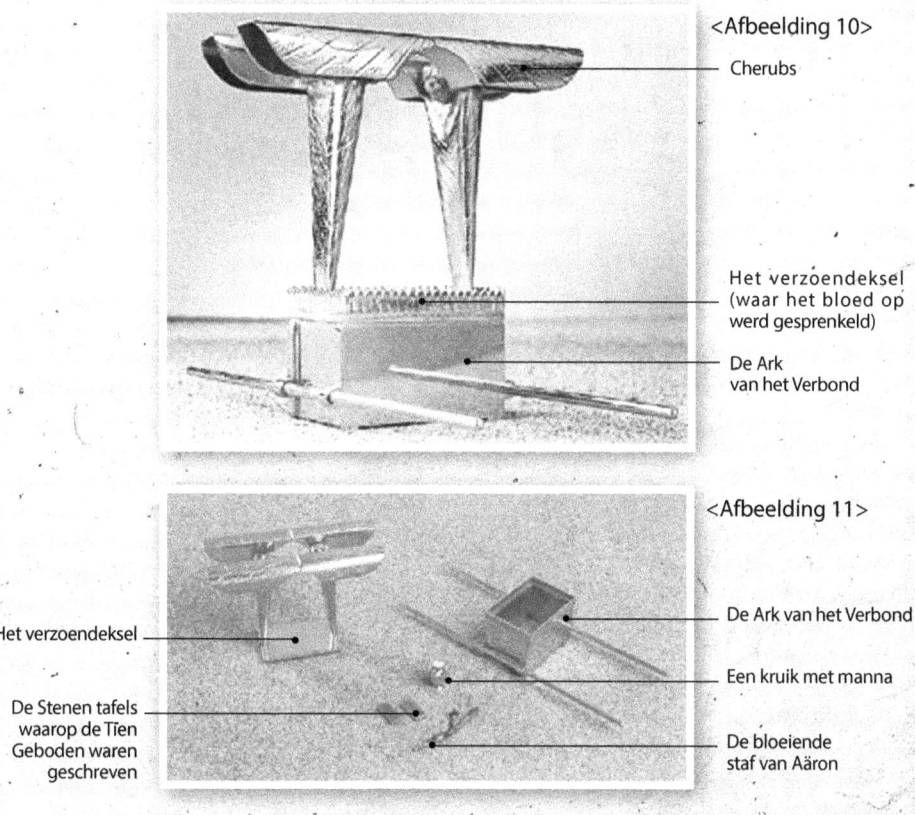

<Afbeelding 10>
- Cherubs
- Het verzoendeksel (waar het bloed op werd gesprenkeld)
- De Ark van het Verbond

<Afbeelding 11>
- Het verzoendeksel
- De Stenen tafels waarop de Tien Geboden waren geschreven
- De Ark van het Verbond
- Een kruik met manna
- De bloeiende staf van Aäron

De Ark van het Verbond en het verzoendeksel

Binnen in het Heilige der Heiligen is de Ark van het Verbond, gemaakt van zuiver goud, en bovenop de Ark, is het verzoendeksel. Het verzoendeksel verwijst naar de bedekking van de Ark van het Verbond (Exodus 25:17-22), en het bloed werd daar één per jaar over gesprenkeld. Aan beide einden van het verzoendeksel waren twee cherubs, die met hun vleugels het verzoendeksel bedekten (Exodus 25: 18-20). Binnen de Ark van het Verbond waren de stenen tafels waarop de Tien Geboden waren geschreven; en kruik met manna; en de bloeiende staf van Aäron.

Afbeelding Bekijken

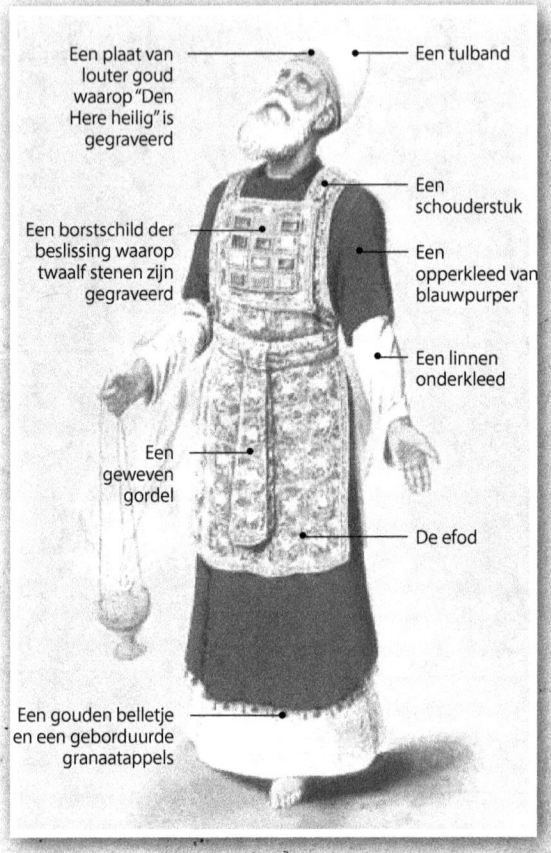

<Afbeelding 12>

De klederen van de hogepriester

De hogepriester werd belast met het onderhoud van de tempel en moest de offerdiensten overzien, en ging één keer per jaar het Heilige der Heiligen binnen om een offer aan God te brengen. Iedereen die het ambt van hogepriester had, moest de Urim en de Tummim tot zijn bezit hebben. Deze twee stenen, die gebruikt werden om Gods wil te zoeken, werden in het borststuk geplaatst bovenop de efod die de priester droeg. De "Urim" betekent verlichting en de "Tummim," perfectie.

offers te brengen en waarin het Reukaltaar, de kandelaar, en de Tafel der Toonbroden stonden, welke allen gemaakt waren van goud.

Ten derde, een wasbekken gemaakt van brons. Het wasbekken bevatte water waarmee de priesters hun handen en voeten konden wassen, voordat ze het Heiligdom binnengingen, of de hogepriester het Heilige der Heiligen.

Ten vierde, het Brandofferaltaar was gemaakt van brons en was sterk genoeg om vuur te weerstaan. Het vuur op het altaar "er ging vuur uit van de Here" wanneer het tabernakel volledig was (Leviticus 9: 24). God beval ook dat het vuur op het altaar voortdurend bleef branden, nooit zou uitgaan, en elke dag moesten er twee eenjarige lammetjes op worden geofferd (Exodus 29: 38-43; Leviticus 6: 12-13).

5. Geestelijke betekenis van het offeren van stieren en lammeren

In Leviticus 1:2, zei God tot Mozes, "Spreek tot de Israëlieten en zeg tot hen: 'Wanneer iemand onder u de Here een offergave brengen wil, dan zult gij uw offergave brengen van het vee, zowel van het rundvee als van het kleinvee.'" Tijdens aanbiddingdiensten, geven Gods kinderen verschillende offers aan Hem. Bovenop de tienden, zijn er ook nog dankoffers, aanbouwoffers en liefde offers. En toch beveelt God dat wanneer iemand een offer brengt voor Hem, het "dieren van een kudde" moeten zijn. Terwijl dit vers een geestelijke betekenis heeft, moeten we niet letterlijk doen wat het vers ons beveelt, maar moeten we eerst de geestelijke betekenis begrijpen en dan overeenkomstig Gods wil handelen.

Welke geestelijke betekenis is er in het offeren van dieren van een kudde? Het betekent dat we God moeten aanbidden in geest en in waarheid en onszelf moeten offeren als een levend en heilig offer. Het is de "geestelijke dienst van aanbidding" (Romeinen 12: 1). We moeten altijd alert blijven in gebed en onszelf leiden op een heilige weg voor God, niet alleen tijdens de aanbiddingdiensten, maar ook in ons dagelijkse leven.

Waarom beval God de mensen van Israël om Hem van alle dieren, stieren en lammeren te offeren? Stieren en lammeren, onder alle dieren, vertegenwoordigen het meest Jezus, die het vredeoffer werd voor de redding van de mensheid. Laat ons eens de gelijkenissen onderzoeken tussen "stieren" en Jezus.

1) Stieren dragen de lasten van mensen.

Net zoals stieren de lasten van mensen dragen, heeft Jezus de zondelast gedragen. In Mattheüs 11: 28 zegt Hij ons, "Komt tot Mij, allen die vermoeid en belast zijn, en Ik zal u rust geven." Mensen streven ernaar en gebruiken elke mogelijkheid om rijkheid, eer, kennis, roem, gezag en macht en alles te verkrijgen wat ze verlangen. Bovenop een variatie van lasten die hij draagt, draagt de mens ook nog eens de zondelast en leeft zijn leven te midden van beproevingen, kwellingen en marteling.

Jezus, nu nam de lasten en zorgen van het leven door een offer te worden, zijn bloed als verzoening te laten vloeien en gekruisigd te worden aan een houten kruis. Door geloof in de Here, kan de mens zijn problemen en zondelast wegdoen en genieten van de vrede en rust.

2) Stieren veroorzaken geen problemen voor de mens; ze brengen enkel voordeel.

Stieren voorzien niet alleen arbeid in gehoorzaamheid aan de mens, ze geven hem ook melk, vlees en huid. Van zijn kop tot hoeven, is geen enkel deel van de stier nutteloos. Jezus bracht op gelijke wijze alleen maar voordeel voor de mens. Door te getuigen van het evangelie van de Hemel aan de armen, de zieken, en de verstotene, gaf Hij hen troost en hoop, verbrak de ketenen van zonde, en genas ziekten en zwakheden. Zelfs als Hij niet in staat was om te slapen of te eten, gebruikte Jezus elke gelegenheid om het woord van God te onderwijzen aan die laatste ziel. Door Zijn leven te offeren en Zijn kruisiging, opende Jezus de weg van redding voor de zondaars, die bestemd waren voor de Hel.

3) Stieren voorzien voedsel voor de mens met hun vlees.

Jezus gaf mensen Zijn vlees en bloed zodat de mens er brood van kan maken. In Johannes 6: 53-54 vertelt Hij ons, "Voorwaar, voorwaar, Ik zeg u, tenzij gij het vlees van de Zoon des mensen eet en zijn bloed drinkt, hebt gij geen leven in uzelf. Wie mijn vlees eet en mijn bloed drinkt, heeft eeuwig leven en Ik zal hem opwekken ten jongsten dage."

Jezus is Gods Woord dat in deze wereld kwam in het vlees. Daarom, zijn het eten van Jezus vlees en drinken van Zijn bloed als het Woord van God tot brood maken en erdoor te leven. Net zoals de mens kan leven door te eten en te drinken, kunnen wij alleen eeuwig leven verkrijgen en de Hemel binnengaan, als wij Gods Woord tot brood maken.

4) Stieren ploegen het land en veranderen het in vruchtbare grond.

Jezus ontwikkelde de grond van het hart van de mensen. In Mattheüs 13 staat een parabel dat het hart van de mensen vergelijkt met vier verschillende typen grond: langs de weg, een rotsachtige grond, een doornachtige grond en goede grond. Omdat Jezus ons van al onze zonden heeft verlost, heeft de Heilige Geest een verblijfplaats in onze harten gemaakt en geeft Hij ons kracht. Onze harten kunnen worden veranderd in goede grond met de hulp van de Heilige Geest. Wanneer wij in het Bloed van Jezus vertrouwen, die ons heeft toegestaan om vergeven te worden van alle zonden, en ijverig de waarheid gehoorzamen, zullen onze harten veranderen in vruchtbare, rijke en goede grond, en zullen wij in staat zijn om de zegeningen in geest en in het vlees 30, 60, tot 100 keer te oogsten in datgene wat wij hebben gezaaid.

Wat zijn vervolgens de gelijkenissen tussen lammeren en Jezus?

1) Lammeren zijn zacht

Wanneer wij spreken van zachtmoedige of vriendelijke mensen, vergelijken wij hen gewoonlijk met de zachtheid van een lam. Jezus is de vriendelijkste van alle mensen. Van Jezus kunnen wij in Jesaja 42: 3 lezen, "Het geknakte riet zal hij niet verbreken en de kwijnende vlaspit zal hij niet uitdoven; naar waarheid zal hij het recht openbaren." Zelfs met de boosdoeners en de afvalligen of degenen die zich hebben bekeerd, maar herhaaldelijk blijven zondigen, heeft Jezus tot het einde toe geduld, wachtende op hen dat ze zich van hun wegen zullen afkeren. Terwijl Jezus, de Zoon van God, de Schepper is en de autoriteit heeft om de gehele mensheid te vernietigen, bleef Hij geduldig met ons en toonde Zijn liefde zelfs toen de boosdoeners Hem kruisigden.

2) Een lam is gehoorzaam.

Een lam volgt in gehoorzaamheid overal waar de herder hem leidt en blijft ondanks dat het wordt geschoren. Zoals 2 Korintiërs 1: 19 zegt, "Immers, de Zoon van God, Christus Jezus, die in uw midden verkondigd is door ons, door mij, door Silvanus en door Timoteüs, was niet: ja en neen, maar in Hem was het: Ja," Jezus bleef niet vasthouden aan Zijn eigen wil, maar bleef gehoorzaam aan God tot Zijn dood. Tijdens Zijn leven, ging Jezus enkel naar de plaatsen op de door God verkozen tijd, en deed alleen datgene wat God van Hem verlangde om te doen. Uiteindelijk, ondanks dat Hij heel goed wist van het lijden van het kruis, droeg Hij het in gehoorzaamheid, om de wil van de Vader te volbrengen.

3) Een lam is rein.

Hier, is een lam een eenjarig mannelijk lam die nog niet heeft gepaard (Exodus 12: 5). Een lam op die leeftijd kan vergeleken worden met een schattig en zuiver persoon in zijn jeugd – of de onberispelijke en vlekkeloze Jezus. Lammeren voorzien ook huid, vlees en melk; ze brengen geen schade, alleen maar voordeel voor de mensen. Zoals eerder vermeld, offerde Jezus Zijn vlees en bloed, en gaf ons het laatste beetje van Zichzelf. In volkomen gehoorzaamheid aan Vader God, vervulde Jezus Gods wil en vernietigde de muur van zonde tussen God en zondaren. Zelfs vandaag, ontwikkelt Hij onze harten voortdurend, zodat ze zullen veranderen in zuiver en vruchtbare grond.

Net zoals de mens werd verlost van zijn zonden door stieren en lammeren in het Oud Testament, offerde Jezus Zichzelf als een offer aan het kruis en volbracht de eeuwige verlossing door Zijn bloed (Hebreeën 9: 12). Als wij in dit feit geloven, moeten wij ten volle begrijpen hoe Jezus een offer werd dat waardig genoeg was om door God te worden aanvaard, zodat we voor altijd dankbaar kunnen blijven voor de liefde en genade van Jezus Christus, en mogen lijken op Zijn leven.

Hoofdstuk 3

Het brandoffer

"En de ingewanden en de onderschenkels ervan zal men met water wassen, en de priester zal alles op het altaar in rook doen opgaan als een brandoffer, een vuuroffer tot een liefelijke reuk voor de Here."

Leviticus 1: 9

1. Betekenis van het brandoffer

Het brandoffer, het eerste offer dat is opgeschreven in Leviticus, is de oudste van alle offers. De etymologie van de uitdrukking "brandoffer" is "om het te laten opstijgen." Een brandoffer is een offer geplaatst op het altaar en wordt volledig verteerd met vuur. Het symboliseert het volkomen offer van de mens, zijn toewijding, en vrijwillige dienst. God behagen met de liefelijke reuk van het in rook opgaande dier dat geofferd werd als een offer, is de meest gebruikte methode van het brengen van brandoffers en dient als een teken van het feit dat Jezus onze zonden heeft gedragen en Zichzelf volkomen offerde, daarbij werd Hij een reukoffer voor God (Efeziërs 5: 2).

God behagen met een geur betekent niet dat God de geur van de geofferde dieren voelt. Het betekent dat Hij de geur van het hart van de persoon die Hem het offer geeft aanvaard. God onderzoekt met welke mate de persoon God vreest en met wat voor soort liefde de persoon het offer aan God brengt. Hij ontvangt dan de toewijding en liefde van die persoon.

Het doden van een dier om het aan God te geven als een brandoffer, betekent dat wij ons leven zelf aan God geven en gehoorzaam zijn aan alles wat Hij ons heeft bevolen. Met andere woorden, de geestelijke betekenis van het brandoffer is om volledig te leven door Gods Woord en Hem elk aspect van ons leven te offeren op een reine en heilige wijze.

In hedendaagse woorden, is het een uitdrukking van ons hart, waarin wij beloven om ons leven te geven aan God overeenkomstig Zijn wil door deel te nemen aan de diensten van Pasen, het Oogstfeest, het Feest van Dankzegging, Kerst, en elke zondagdienst. God elke zondag aanbidden en de zondag heiligen dienen als bewijs dat wij Gods kinderen zijn en dat onze geesten Hem toebehoren.

2. Een offer voor het brandoffer

God beval dat een offer als een brandoffer, "een mannelijk gaaf dier" moest zijn, wat volmaaktheid symboliseert. Hij wil mannetjes omdat er meestal verondersteld wordt dat ze getrouwer zijn aan hun principes dan de vrouwtjes. Ze aarzelen niet heen en weer, zijn niet listig, en wankelen niet. Ook het feit dat God wil dat het offer "gaaf" is, betekent dat iemand Hem moet aanbidden in geest en waarheid, en Hem niet moet aanbidden met een gebroken geest.

Wanneer wij onze ouders geschenken geven, zullen zij deze met blijdschap aannemen wanneer zij gegeven zijn met liefde en zorg. Wanneer wij met tegenzin geven, kunnen onze ouders het niet met blijdschap aannemen. Evenzo, zal God aanbidding die aan Hem geofferd wordt zonder vreugde, of te midden van vermoeidheid, slaperigheid of ijdele gedachten niet aanvaarden. Hij zal onze aanbidding alleen vreugdevol aanvaarden, wanneer de diepte van ons hart gevuld is met de hoop voor de Hemel, de dankbaarheid voor de genade van redding en de liefde van onze Heer. Alleen dan geeft God ons de uitweg in tijden van beproeving en kwelling, en staat toe dat wij in al onze wegen voorspoedig zijn.

Een "rund" welke God beval om te offeren in Leviticus 1: 5 verwijst naar een jong rund dat nog niet gepaard heeft, en verwijst geestelijk naar de zuiverheid en integriteit van Jezus Christus. Daarom, wordt in dit vers Gods verlangen weergegeven dat wij voor Hem komen met een zuiver en oprecht hart als een kind. Hij wil niet dat wij ons kinderlijk of onvolwassen gedragen, maar verlangt dat wij een hart hebben zoals een kind, dat eenvoudig, gehoorzaam

en nederig is.
De hoorns van een jong rund zijn nog niet volgroeit, dus kunnen ze niet doorboren en zijn zonder slechtheid. Deze karaktertrekken zijn die van Jezus Christus, die vriendelijk, nederig en zachtmoedig is als een kind. Aangezien Jezus Christus de onberispelijke en volmaakte Zoon van God is, moet een offer dat op Hem lijkt onberispelijk en onbevlekt zijn.

In Maleachi 1: 6-8 bestraft God het volk van Israël, die Hem onvolmaakte en bedorven offers brachten, op strenge wijze:

"Een zoon eert zijn vader en een knecht zijn heer. Indien Ik nu een vader ben, waar is de eerbied voor Mij? en indien Ik een heer ben, waar is de vrees voor Mij? zegt de Here der heerscharen tot u, o priesters, die mijn naam veracht. En dan zegt gij: Waarmee verachten wij uw naam? Gij brengt minderwaardige offerspijze op mijn altaar. En dan zegt gij: Waarmee hebben wij U minderwaardig behandeld? Doordat gij zegt: Des Heren tafel, zij is verachtelijk. Want, wanneer gij een blind dier ten offer brengt, is dat niet erg? Wanneer gij een kreupel of ziek dier brengt, is dat niet erg? Bied dat eens uw landvoogd aan; zal hij welgevallen aan u hebben of u goedgunstig gezind zijn? zegt de Here der heerscharen.

We moeten God een onbesmet, onberispelijk en volmaakt offer brengen door Hem te aanbidden in geest en waarheid.

3. Betekenis van de verschillende typen van offers

De God van gerechtigheid en genade kijkt naar de harten van mensen. Daarom heeft Hij geen interesse in de grote waarde of kostprijs van het offer, maar in de mate van zorg waarmee ieder persoon heeft gegeven door geloof overeenkomstig zijn omstandigheden. Zoals Hij ons vertelt in 2 Korintiërs 9: 7, "En ieder doe, naardat hij zich in zijn hart heeft voorgenomen, niet met tegenzin of gedwongen, want God heeft de blijmoedige gever lief," aanvaard God met blijdschap, wanneer wij Hem blijmoedig geven overeenkomstig onze omstandigheden.

In Leviticus 1, legt God tot in detail uit hoe de jonge runderen, lammeren, geiten en vogels moeten worden geofferd. Terwijl jonge gave runderen het meest gepast zijn om aan God te geven als brandoffer, kunnen sommige mensen geen rund veroorloven. Dat is waarom God, in Zijn genade en barmhartigheid, de mensen toestond om aan Hem lammeren, geiten of duiven te brengen, overeenkomstig ieders persoonlijke omstandigheden en toestanden. Welke geestelijke betekenis heeft dit?

1) God aanvaardt offers die aan Hem gegeven worden overeenkomstig de bekwaamheid van ieder persoon.

Financiële bekwaamheid en omstandigheden verschillen per persoon; een kleine hoeveelheid voor sommige mensen, kan een grote hoeveelheid zijn voor anderen. Om die reden, aanvaardde God met blijdschap lammeren, geiten of duiven die de mensen offerende aan Hem overeenkomstig ieders bekwaamheid. Dit is Gods gerechtigheid en liefde waardoor Hij iedereen toestond, rijk of arm, om deel te nemen aan het offeren overeenkomstig ieders mogelijkheid.

God zal niet met blijdschap een geit aanvaarden die gegeven wordt aan Hem door iemand die zich een rund kan veroorloven. God zal echter wel met blijdschap het offer van een rund aanvaarden die iemand gegeven heeft, terwijl hij zich eigenlijk maar een lam kon veroorloven en snel de verlangens van het hart antwoorden. Of het nu een rund, een lam, een geit of duif is, dat werd geofferd, God zei dat ze "een liefelijke geur" voor Hem waren (Leviticus 1: 9, 13, 17). Dit betekent, terwijl er een verschillende mate in het geven van offers is, wanneer wij God geven vanuit het diepst van ons hart, want God kijkt naar het hart van de mens, er geen verschil is, want het zijn allemaal liefelijke geuren voor Hem.

In Marcus 12: 41-44 is er een tafereel waarin Jezus een arme weduwe aanbeveelt die een offer bracht. De twee kleine koperen muntjes die zij gaf, waren de kleinste geldstukken in die tijd, maar voor haar, waren ze alles wat ze had. Ongeacht hoe klein een offer is, wanneer het aan God gegeven wordt naar onze beste mogelijkheden en met blijdschap, wordt het een offer waarin Hij welgevallen heeft.

2) God aanvaardt aanbidding naar ieders intellect.

Wanneer we luisteren naar Gods Woord, is het begrip en genade die elk individu ontvangt verschillend naargelang het intellect, de opvoedkundige achtergrond, en de kennis. Zelfs tijdens dezelfde aanbiddingdienst, vergeleken met sommige mensen die slimmer zijn en meer hebben gestudeerd, is de bekwaamheid om het Woord Gods te begrijpen en te herinneren lager dan voor de mensen die niet zo intelligent zijn en niet zoveel tijd spenderen om te leren. Aangezien God dit allemaal weet, wil Hij dat ieder persoon binnen zijn intelligentie vanuit het diepst van zijn hart aanbidt en het Woord van God begrijpt en ernaar leeft.

3) God aanvaardt aanbidding overeenkomstig ieders leeftijd en geestelijke scherpheid.

Terwijl mensen ouder worden, verminderd hun herinneringsvermogen en begrip. Dat is de reden waarom zoveel oudere mensen niet in staat zijn om Gods Woord te begrijpen of te herinneren. Zelfs, wanneer zulke mensen zich toewijden om te aanbidden met een ernstig hart, kent God de omstandigheden van ieder persoon en Hij zal met blijdschap hun aanbidding aanvaarden.

Herinner u dat wanneer een persoon aanbidt te midden van de inspiratie van de Heilige Geest, Gods kracht met hem zal zijn, zelfs wanneer hij gebrek aan wijsheid of kennis heeft, of oud is. Door het werk van de Heilige Geest, helpt God hem om het Woord te begrijpen en tot brood te maken. Dus geef niet op door te zeggen, "Ik schiet tekort" of "Ik heb het geprobeerd, maar ik kan het niet," maar wees er zeker van om elke poging te nemen vanuit het diepst van uw hart en Gods kracht te zoeken. Onze God van liefde aanvaardt met blijdschap de offers die aan Hem worden gebracht overeenkomstig ieders uiterste poging en overeenkomstig ieders omstandigheden en toestanden. Het is om die reden, dat Hij tot in detail liet opschrijven in Leviticus, betreffende het brandoffer en verklarende Zijn gerechtigheid.

4. Rundvee offeren (Leviticus 1: 3-9)

1) Jong gaaf rundvee naar de ingang van de tent der samenkomst brengen

Binnen het tabernakel zijn het Heilige en het Heilige der Heiligen. Alleen een priester ko het Heilige binnengaan en de hogepriester kon slechts één keer per jaar het Heilige der Heiligen binnengaan. Om die reden konden gewone mensen, die niet in staat waren om het Heilige binnen te gaan, een jong rund als brandoffer brengen bij de ingang van de tent der samenkomst.

Echter, omdat Jezus de muur van zonde heeft vernietigd die tussen God en ons in stond, kunnen wij nu een rechtstreekse en intieme gemeenschap met God hebben. Mensen uit het Oude Testament, brachten offers bij de ingang van de tent der samenkomst met hun daden. Echter, zoals de Heilige Geest ons hart tot Zijn tempel heeft gemaakt, en elke dag met ons gemeenschap heeft, hebben wij, in het Nieuwe Testament het recht verkregen om voor God te komen in het Heilige der Heiligen.

2) De hand leggen op het brandoffer om de zonde ten laste te leggen en het slachten
In Leviticus 1: 4 en verder lezen we, "Dan zal hij zijn hand op de kop van het brandoffer leggen; zo zal het, hem ten goede, welgevallig zijn, om over hem verzoening te doen. Vervolgens zal hij het rund voor het aangezicht des Heren slachten." De hand op de kop van het brandoffer leggen, symboliseert het ten laste leggen van iemands zonde op het brandoffer, en alleen dan zal God vergeving van zonde schenken door het bloed van het brandoffer.

Het opleggen van handen, heeft bovendien ook nog de betekenis van zegeningen en zalving. We weten dat Jezus Zijn handen op een persoon legde wanneer Hij de kinderen zegende of de zieken genas van hun ziekten en kwalen. Door het opleggen van handen, schonken de apostelen de Heilige Geest om door mensen ontvangen te worden en de gaven werden overvloediger. Ook, betekent het opleggen van handen dat het voorwerp aan God werd gegeven. Wanneer een bedienaar zijn of haar hand op verschillende offers legt, wijst het erop dat het aan God gegeven is.

De zegen aan het einde van een aanbiddingdienst of het einde van een samenkomst of gebedssamenkomst met het Onze Vader zijn bedoeld voor God om die diensten of samenkomsten met blijdschap te ontvangen. In Leviticus 9:22-24 staat het tafereel beschreven waarin de Hoge Priester Aäron "zijn handen op hief over het volk en het zegende" nadat het zonde en brandoffer waren gegeven aan God overeenkomstig de manier waarop God had geïnstrueerd. Nadat wij de Dag des Heren hebben geheiligd en de dienst met een zegen hebben beëindigd, beschermt God ons voor de vijand duivel en Satan alsook tegen de verzoekingen en kwellingen en staat ons toe dat wij genieten van de overvloedige zegeningen.

Wat betekent het voor de mens om een jong gaaf rund te slachten als brandoffer?" Aangezien het loon voor de zonde de dood is, liet de mens dieren slachten in zijn plaats. Een jong mannelijk rund, dat nog niet heeft gepaard is net zo liefelijk als een onschuldig kind. God wilde dat iedereen een brandoffer zou brengen met het hart van een onschuldig kind en nooit meer opnieuw zondigde. Daartoe, wilde Hij dat elk persoon zich zou bekeren van zijn zonde en vastberaden zou zijn in zijn hart.

De apostel Paulus was zich goed bewust van wat God wilde en dat is de reden waarom, hij zelfs na het ontvangen van vergeving van zijn zonden en de autoriteit en kracht als kind van God, hij "dagelijks stierf." Hij beleed in 1 Korintiërs 15: 31, "Zowaar als ik, broeders, op u roem draag in Christus Jezus, onze Here, ik sterf elke dag," omdat we alleen ons lichaam kunnen offeren als een heilig en levend offer voor God, als wij alles wat tegen God opstaat hebben verworpen, zoals een hart van leugen, arrogantie, hebzucht, een kader gevormd door iemands eigen denken, iemands eigen gerechtigheid, en alle andere dingen die slecht zijn.

3) De priester sprenkelt het bloed rond het altaar

Nadat het jonge rund werd geslacht waarop de zonden van een persoon die het offer bracht werden gelegd, sprenkelde de priester daarna het bloed rond het altaar bij de ingang van de tent der samenkomst. Dat komt omdat, zoals we kunnen lezen in Leviticus 17: 11, "Want de ziel van het vlees is in het bloed en Ik heb het u op het altaar gegeven om verzoening over uw zielen te doen, want het bloed bewerkt verzoening door middel van de ziel," het bloed leven symboliseert. Om dezelfde reden, liet Jezus Zijn bloed vloeien om ons te verlossen van onze zonden.

"Rond het altaar" betekent het oosten, het westen, het noorden en het zuiden, of eenvoudig gezegd, "overal waar de mens gaat." Het sprenkelen van het bloed "rond het altaar" betekent dat de zonde van mensen, waar hij ook loopt, zijn vergeven. Het betekent dat we op elke manier vergeving van zonden zullen ontvangen en de richting van Gods weg zullen ontvangen die Hij wil dat wij gaan, weg van de richting welke we zeker moeten mijden.

Het is hetzelfde vandaag. Het altaar is het podium waarvan Gods Woord wordt geproclameerd, en de dienstknecht van de Here die de aanbiddingdienst leidt speelt de rol van de priester die het bloed sprenkelt. Tijdens de aanbiddingdienst, horen wij Gods Woord en door geloof en de bekrachtiging door het bloed van onze Heer, ontvangen wij de vergeving van alles wat we gedaan hebben tegen de wil van God. Eens we vergeving van zonden hebben ontvangen door het bloed, moeten wij alleen gaan en lopen waar God wil dat wij gaan en lopen om voor altijd weg te blijven van de zonden.

4) Het stropen van het brandoffer en het in stukken snijden

Een dier dat geofferd werd als een brandoffer moet eerst gestroopt worden en dan volledig door vuur worden verteerd. Dierenvellen zijn taai, moeilijk om volledig te verbranden, en wanneer ze verbranden, stinken ze vreselijk. Daarom, om een dier te kunnen offeren met een gepaste geur, moest het eerst worden gestroopt. Met welk aspect van de aanbiddingdienst kan deze procedure worden vergeleken? God ruikt de geur van de persoon die Hem aanbidt en Hij neemt niets aan dat niet geurt. Om de aanbiddingdienst tot een liefelijke geur voor God te laten zijn, moeten we "de bezoedelingen van de wereld verwijderen en voor God komen op een goddelijke en heilige wijze." Doorheen onze levens komen we door verschillende aspecten van het leven die niet als zonde beschouwd kunnen worden, maar ze zijn ook niet goddelijk of heilig. Zulke wereldse verschijningen die in ons zijn door ons leven voor dat wij in Christus waren, kunnen nog steeds in ons zijn zoals buitensporigheid, ijdelheid, en opscheppen, kunnen nog tevoorschijn komen.

Bijvoorbeeld, sommige mensen houden ervan om naar de markt of winkelcentra te gaan om "etalages te bekijken" dus zij gaan en winkelen gewoonlijk. Anderen zijn verslaafd aan televisie kijken of videospelletjes spelen. Wanneer ons hart door zoiets wordt meegenomen, vervreemden wij van de liefde van God. Bovendien, wanneer wij onszelf onderzoeken, zullen wij in staat zijn om de leugenachtige bezoedelingen van de wereld en de dingen die onvolmaakt zijn voor God te ontdekken. Om volmaakt voor God te zijn, moeten wij dit alles verwerpen. Wanneer wij voor Hem komen om te aanbidden, moeten wij ons eerst van al deze wereldse aspecten van leven bekeren en moeten onze harten goddelijker en heiliger worden.

Het bekeren van zondige, onreine, en onvolmaakte verschijningen van de bezoedelingen van de wereld, voorafgaand aan een aanbiddingdienst is gelijk aan het stropen van het dier voor het brandoffer. Om dit te doen, moeten we onze harten voorbereiden om zo de juiste houding te hebben door vroeg aanwezig te zijn voor de aanbiddingdienst. Wees er zeker van dat u een gebed van dankzegging aan God brengt voor Zijn vergeving van al uw zonden en voor de bescherming, en offer een gebed van bekering terwijl u uzelf onderzoekt.

Wanneer mensen dieren, die gestroopt, in stukken gesneden, en in vuur en vlam waren gezet, aan God offerden, gaf God op zijn beurt mensen de vergeving van ongerechtigheden en zonden, en stond de priesters toe om het overblijfsel van de vellen te gebruiken voor een geschikt doel.

Het "in stukken snijden" verwijst naar het afhouwen van een dier zijn kop, poten, zijden, en achterste delen, en het scheiden van de ingewanden.

Wanneer we bijvoorbeeld een watermeloen of appels geven aan ouderen, dan geven we hen geen hele vrucht; maar we schillen het en maken dat het er goed uitziet. Evenzo, wanneer wij offers aan God brengen, verbranden we niet het volledige offer, maar offeren we hat aan Hem op een keurige, goede manier.

Wat is dan de geestelijke betekenis van "het in stukken snijden" van het offer?

Ten eerste, is er een onderverdeling van verschillende soorten van aanbidding die aan God worden geofferd. Er zijn de zondag ochtend- en avonddienst, woensdag avonddienst, en de vrijdag nachtdienst. De verdeling van de aanbiddingdiensten is gelijk aan "het in stukken snijden" van deze offers.

Ten tweede, de verdeling van de inhoud van onze gebeden is gelijk aan "het in stukken snijden" van het offer. Over het algemeen, wordt gebed onderverdeeld in bekering en het verdrijven van boze geesten, gevolgd door gebed van dankzegging. Het gaat dan verder naar de onderwerpen van de gemeente; de bouw van het Heiligdom; voor leiders en gemeentewerkers; voor het vervullen van iemands plichten; voor de voorspoed van een ziel; voor de verlangens van iemands hart en de afsluiting van gebed.

Natuurlijk kunnen we bidden terwijl we over de straat lopen, rijden of even een pauze nemen. We kunnen gemeenschap hebben in de stilte terwijl we denken en mediteren over God en onze Heer. Houdt hierbij in uw gedachte dat naast de tijd van mediteren, het een voor een uitroepen van gebedsonderwerpen net zo belangrijk is als het in stukken snijden van een offer. God zal dan blijmoedig uw gebed aannemen en snel antwoorden.

Ten derde, "het in stukken snijden" van het offer, betekent dat Gods Woord als een geheel is onderverdeeld in 66 Boeken. De 66 Boeken van de Bijbel leggen in eenheid de levende God uit en de voorziening van redding door Jezus Christus. En toch is Gods Woord verdeeld in individuele boeken, en is Zijn Woord in elk boek gekoppeld, zonder enige ontkoppeling tussen hen. Als Gods Woord onderverdeeld is in verschillende categorieën, wordt Gods wil systematischer uitgedrukt en is het gemakkelijker voor ons om het tot brood te maken.

Ten vierde, en dit is de belangrijkste betekenis van "het in stukken snijden" van het offer, is dat de aanbiddingdienst zelf onderverdeeld is in en samengesteld is uit verschillende onderdelen. Gebed van bekering voordat de dienst begint, wordt opgevolgd door het eerste onderdeel, een korte tijd van meditatie die voorbereidt op en de dienst inwijdt, en de dienst eindigt met het Onze Vader of een zegen. In tussen tijd, is er niet alleen de proclamatie van Gods woord, maar is er ook voorbede, lofprijs, lezen van het Woord, het brengen van offers, en andere onderdelen. Elk proces draagt zijn eigen betekenis, en aanbidding in een specifieke manier, om gelijk gesteld te worden aan het in stukken snijden van het offer. Net zoals het verbranden van alle delen van het offer, het brandoffer afmaakt, moeten wij onszelf volledig toewijden in een aanbiddingdienst vanaf het begin tot het einde. De aanwezigen zouden niet te laat mogen komen of eerder weggaan tijdens de dienst om persoonlijke zaken af te handelen tenzij het absoluut noodzakelijk is. Sommige mensen hebben bepaalde taken in de kerk, zoals vrijwilligers of degenen die dienen als ushers, in zo'n geval is het toegestaan om uw stoel eerder te verlaten. Mensen kunnen een verlangen hebben om op tijd te komen voor de woensdag avonddienst of de vrijdag nachtdienst, maar worden misschien gedwongen om te laat te komen omdat ze moeten werken of andere onvermijdelijke omstandigheden. Zelfs dan, kijkt God naar hun harten en ontvangt de geur van hun aanbidding.

5) De priesters brengen vuur op het altaar en schikken het hout voor het vuur

Na het in stukken snijden van het offer, moet de priester de stukken op het altaar schikken en ze in vuur en vlam zetten. Dat is de reden waarom de priester wordt geïnstrueerd om "het altaar in vuur te zetten en het hout te ordenen voor het vuur." Hier, verwijst "vuur" geestelijk naar het vuur van de Heilige Geest en het "hout voor het vuur" verwijst naar de samenhang en inhoud van de Bijbel. Elk woord binnen de 66 boeken van de Bijbel is om gebruikt te worden als vuurhout. "Het hout voor het vuur ordenen" is, in geestelijke termen, geestelijk brood maken van elk woord van de Bijbel te midden van de werken van de Heilige Geest.

Bijvoorbeeld, in Lucas 13: 33, zegt Jezus "Want het gaat niet aan, dat een profeet buiten Jeruzalem omkomt". Een poging tot het letterlijk begrijpen van dit vers is zinloos, omdat we weten dat vele mensen van God, zoals de apostelen Paulus en Petrus, "buiten Jeruzalem" stierven. In dit vers, verwijst "Jeruzalem" echter niet naar de zichtbare stad, maar een stad die het hart en de wil van God uitdraagt, welke het "geestelijke Jeruzalem" is, welke op zijn beurt "Gods Woord" is. Daarom betekent "want het gaat niet aan, dat een profeet buiten Jeruzalem omkomt" dat een profeet leeft en sterft binnen de grenzen van Gods Woord.

Het begrijpen van wat wij in de Bijbel lezen en de boodschappen die wij horen tijdens de aanbiddingdiensten, kunnen alleen worden gedaan door de inspiratie van de Heilige Geest. Elk deel van Gods Woord dat boven de kennis, gedachten en speculaties van mensen uitgaat, kan worden verstaan door de inspiratie van de Heilige Geest en dan kunnen wij het Woord geloven vanuit het diepst van ons hart. Samengevat, we kunnen alleen maar geestelijk groeien, wanneer we Gods Woord hebben begrepen door de werken en de inspiratie van de Heilige Geest, resulterend in het uitdrukken van Gods hart voor ons en het wortel laten schieten in onze harten.

6) Het schikken van de delen, de kop en het vet op het hout, dat op het vuur op het altaar ligt

Leviticus 1:8 zegt, "En de zonen van Aäron, de priesters, zullen de delen, de kop en het vet, schikken op het hout dat op het vuur op het altaar ligt." Voor het brandoffer, moest de priester de delen die in stukken gesneden waren schikken, alsook de kop en het vet.

Het verbranden van de kop van het offer, betekent het verbranden van alle leugenachtige gedachten die voortkomen vanuit ons hoofd. Dit komt omdat onze gedachten voortkomen vanuit het hoofd en de meeste zonden ook in het denken beginnen. De mensen van deze wereld zullen iemand niet als zondaar veroordelen, als de zonde niet gezien worden in daden. Echter, zoals we kunnen lezen in 1 Johannes 3: 15, "Een ieder, die zijn broeder haat, is een mensenmoorder," noemt God het koesteren van haat op zichzelf al zonde.

Jezus verloste ons 2000 jaar geleden van zonden. Hij heeft ons van zonden verlost die we niet alleen hebben gedaan met onze handen en voeten, maar ook van degenen die we hebben gedaan in onze gedachten. Jezus werd met Zijn handen en voeten vastgenageld om ons van de zonden te verlossen die wij met onze handen en voeten doen, en Hij droeg een doornenkroon om ons te verlossen van de zonden die wij met onze gedachten doen, die hun oorsprong vinden in ons hoofd. Sinds we reeds vergeven zijn van de zonden die wij in onze gedachten doen, moeten wij niet meer de kop van een dier aan God offeren. In plaats van de kop van een dier, moeten wij onze gedachten verteren met het vuur van de Heilige Geest, en we doen dit door de leugenachtige gedachten te verwerpen en te allen tijde de waarheid te denken.

Wanneer wij te allen tijde de waarheid koesteren, zullen wij niet langer leugenachtige of ijdele gedachten koesteren. Terwijl de Heilige Geest de mensen leidt in het verwerpen van ijdele gedachten, concentrerende op de boodschap, en het in hun harten graveert tijdens de aanbiddingdienst, zullen zij in staat zijn om God geestelijke aanbidding te offeren, die Hij zal aannemen.

Bovendien, is het vet, welke het harde vet van een dier is, de bron van energie en het leven zelf. Jezus werd een offer, zelfs tot het punt waarop Hij al Zijn bloed en water vergoot. Wanneer wij in Jezus geloven als onze Here, zullen wij niet langer het vet van dieren aan God moeten offeren.

En toch, wordt "het geloven in de Here" niet slechts vervuld door met uw mond te belijden, "Ik geloof." Wanneer we echt geloven dat de Here ons heeft verlost van onze zonden, moeten we de zonde verwerpen, veranderen door Gods Woord, en heilige levens leiden. Zelfs in tijden van aanbidding, moeten wij al onze energie geven – ons lichaam, hart, wil en uiterste pogingen – en God geestelijke diensten van aanbidding offeren. Een persoon die al zijn energie gebruikt om te aanbidden, zal Gods Woord niet alleen in zijn hoofd bewaren, maar zal het in zijn hart volbrengen. Alleen wanneer Gods Woord in iemands hart wordt volbracht, kan het levend worden, kracht en zegeningen voortbrengen in geest en lichaam.

7) De priester wast de ingewanden en de onderschenkels met water, en zal alles in rook doen opgaan op het altaar

Terwijl andere delen gewoon geofferd worden zoals ze zijn, beveelt God dat de ingewanden en de onderschenkels, de onreine delen van het dier, met water worden gewassen en geofferd. "Wassen met water" verwijst naar het wassen van onreinheden van de persoon die het offer maakt. Welke onreinheden moeten er worden gewassen? Terwijl de mensen in het Oude Testament de onreinheid van het offer wasten, moeten mensen in het Nieuwe Testament de onreinheid van hart wassen.

In Mattheüs 15 zien we het stuk waarin de farizeeërs en Schriftgeleerden de discipelen van Jezus bestraften omdat ze met onreine handen aten. Jezus zei tegen hen, "Niet wat de mond binnengaat, maakt de mens onrein, maar wat de mond uitkomt, dat maakt de mens onrein." (v. 11). Het effect van wat de mond binnengaat eindigt wanneer het wordt uitgescheiden; echter wat uit de mond komt, vindt de oorsprong in het hart, met blijvende effecten. Terwijl Jezus verder gaat in verzen 19-20, "Want uit het hart komen boze overleggingen, moord, echtbreuk, hoererij, diefstal, leugenachtige getuigenissen, godslasteringen. Dat zijn de dingen, die een mens onrein maken, maar het eten met ongewassen handen maakt een mens niet onrein," moeten wij ons reinigen van de zonde en het kwade in het hart met Gods Woord.

Des te meer Gods Woord in ons hart komt, des te meer de zonde en het kwade zal verdwijnen en des te reiner wij worden. Bijvoorbeeld, wanneer een persoon brood met liefde maakt en erdoor leeft, zal haat verdwijnen. Wanneer een persoon nederigheid tot brood maakt, zal het arrogantie vervangen. Wanneer een persoon de waarheid tot brood maakt, zullen valsheid en leugen verdwijnen. Des te meer iemand de waarheid tot brood maakt en erdoor leeft, des meer hij in staat zal zijn om de zondevolle natuur te verwerpen. Zijn geloof zal op natuurlijke wijze snel groeien en hij zal de mate van geloof bereiken welke behoren tot de volheid van Christus. Tot de mate van zijn geloof, zullen Gods kracht en autoriteit met hem samengaan. Hij zal niet alleen de verlangens van zijn hart ontvangen, maar ook de zegeningen in elk aspect van zijn leven ervaren.

Alleen nadat de ingewanden en de onderschenkels zijn gewassen en allen geplaatst zijn op het vuur, zal het een liefelijke geur voort brengen. Leviticus 1: 9 definieert dit als "een vuuroffer tot een liefelijke reuk voor de Here." Wanneer wij aan God geestelijke diensten van aanbidding brengen in geest en in waarheid in overeenstemming met Zijn Woord over brandoffers, zal dat offer door vuur, waarin God welgevallen heeft, Zijn antwoorden naar beneden brengen. Onze aanbiddende harten zullen dan een liefelijke geur voor God zijn en als Hij er welgevallen in heeft, zal Hij ons voorspoed geven in elk aspect van ons leven.

5. Het offeren van schapen of geiten (Leviticus 1:10-13)

1) Een jong mannelijk schaap of gave geit

Identiek aan het offeren van runderen, of het nu een schaap of een geit is, moet het offer een jong gaaf mannetje zijn. In geestelijke termen, verwijst het geven van een vlekkeloos offer om God te aanbidden met een volmaakt hart gekenmerkt door vreugde en dankbaarheid. Gods bevel dat een mannelijk dier geofferd moest worden, betekent "aanbidding met een vastbesloten hart zonder twijfel." Terwijl het offer per persoon kan verschillen naar de financiële mogelijkheden, moet het offer altijd heilig en volmaakt zijn ongeacht wat voor offer het is.

2) Het offer moet aan de noordzijde van het altaar worden geslacht, en de priester zal het bloed rondom het altaar sprengen

Net zoals bij het offeren van de runderen, is het doel van het sprengen van de dieren rondom het altaar, het ontvangen van vergeving van zonden, die overal – in het oosten, westen, noorden en zuiden – zijn gedaan. God stond toe dat er een verzoening plaatsvond met het bloed van de dieren die geofferd werden aan Hem in plaats van dat van mensen.

Waarom gaf God het bevel om het offer aan de noordzijde van het altaar te slachten? "Het noorden" of "de noordzijde" symboliseren geestelijk koude en duisternis; het is een uitdrukking die vaak gebruikt wordt om te verwijzen naar iets wat God bestraft of disciplineert en waarin Hij geen welgevallen heeft.

In Jeremia 1: 14-15 lezen we,
"Uit het Noorden zal het onheil losbreken over alle inwoners van het land; want zie, Ik roep alle geslachten der koninkrijken van het Noorden, luidt het woord des Heren, en zij zullen komen en zetten elk zijn troonzetel in de poorten van Jeruzalem en tegen al zijn muren rondom en tegen al de steden van Juda."

In Jeremia 4: 6 zegt God ons, "Steekt omhoog het signaal: naar Sion! Bergt u, blijft niet staan! Want het onheil breng Ik uit het Noorden, een groot verderf." Zoals we in de Bijbel zien, betekent "Noorden" Gods discipline en bestraffing, en als zodanig, moet het dier waarop alle zonden van de mensen worden gelegd, geslacht worden op "noordzijde," een symbool van een vloek.

3) Het offer dat in stukken is gesneden met zijn kop en vet wordt op het hout geschikt; de ingewanden en onderschenkels worden met water gewassen; alles wordt in rook op het altaar geofferd

Net zoals het brandoffer van runderen, kan het brandoffer van schapen of geiten gegeven worden aan God om vergeving van zonden te ontvangen die we gedaan hebben in ons hoofd, met onze handen en voeten. Het Oude Testament is als de schaduw en het Nieuwe Testament is als de vorm. God wil dat wij vergeving van zonden ontvangen, niet slechts gebaseerd op werken, maar door ons hart te besnijden en te leven overeenkomstig Zijn Woord. Dit is om God geestelijke aanbidding te offeren met ons hele lichaam, hart en wil en om Gods Woord tot brood te maken door de inspiratie van de Heilige Geest om alle leugen te verwerpen en te leven overeenkomstig de waarheid.

6. Het offeren van vogels (Leviticus 1: 14-17)

1) Een tortelduif of een jonge duif

Duiven zijn de zachtmoedigste en slimste dieren van alle vogels, en gehoorzamen ook mensen. Terwijl hun vlees zacht is en duiven over het algemeen voordeel aan mensen brengen, beval God dat ook tortelduiven of jonge duiven mochten worden geofferd. Onder de duiven, wilde God het liefst het offer van de jonge duiven ontvangen omdat Hij reine en zachte offers wilde ontvangen. Deze karaktertrekken van jonge duiven symboliseren de nederigheid van en zachtmoedigheid van Jezus, die een offer is geworden.

2) De priester zal die op het altaar brengen en de kop afknijpen; bij de vleugels inscheuren, zonder deze eraf te trekken; de priester zal het offer in rook doen opgaan, en het bloed zal tegen de zijde van het altaar worden uitgedrukt

Omdat jonge duiven heel klein zijn, kunnen ze niet worden geslacht en dan in stukken worden gesneden, en ze hebben heel weinig bloed om te vergieten. Om die reden, in tegenstelling tot de andere dieren die geslacht worden aan de noordzijde van het altaar, wordt de kop afgeknepen terwijl het bloed eruit loopt; dit deel bevat ook het leggen van de handen op de kop van de duif. Terwijl het bloed van het offer rondom het altaar moeten worden gesprengd, vindt de ceremonie van verzoening alleen plaats met het uitgedrukte bloed tegen de zijde van het altaar, omdat een duif maar heel weinig bloed heeft.

Bovendien, vanwege het kleine lichaam, als een duif in stukken zou worden gesneden zou de vorm onherkenbaar zijn. Dat is de reden waarom de vleugel alleen maar mag worden ingescheurd en niet van het lichaam mag worden gerukt. Voor vogels, zijn vleugels hun leven. Het feit dat een duif bij de vleugels wordt ingescheurd symboliseert dat de mens zich volkomen aan God overgeeft en zelfs zijn leven aan Hem geeft.

3) De krop met de spijsresten van het offer zal verwijderd worden en naast het altaar aan de oostzijde op de asbelt worden geworpen

Voordat de vogel geofferd werd als een offer in het vuur, werd de krop met de spijsresten verwijderd. Terwijl de ingewanden van runderen, lammeren en geiten niet worden afgedankt, maar in vuur en vlam worden gezet nadat ze zijn gewassen met water, heeft God omdat het moeilijk is om de kleine ingewanden en onderschenkels van een duif te reinigen toegestaan om ze te verwijderen. De handeling van het wegwerpen van de krop met de spijsresten, symboliseert net zoals bij het wassen van de onreine delen van de runderen en lammeren, de reiniging van onze onreine harten en onze zonden die wij in het verleden hebben gedaan, door God te aanbidden in geest en waarheid.

De krop met de spijsresten van een vogel moet aan de oostzijde van het altaar op de asbelt worden geworpen. We lezen in Genesis 2: 8 dat God "een hof in Eden, in het Oosten plantte." De geestelijke betekenis van "het Oosten" is een ruimte omgeven door licht. Zelfs op de aarde waarop wij leven, is het oosten de richting waar de zon opkomt en eens de zon opkomt, wordt de duisternis van de nacht verdreven.

Wat is de betekenis dan van het werpen van de krop met spijsresten van de duif naast het altaar aan de oostzijde?

Dit symboliseert ons komen voor de Here, die het Licht is, nadat wij onze onreinheid van zonde en slechtheid hebben verworpen, door een brandoffer voor God te brengen. Zoals we kunnen lezen in Efeziërs 5: 13, "maar als dat alles door het licht ontmaskerd wordt, komt het aan de dag; want al wat aan de dag komt is licht," verwerpen wij de onreinheid van zonde en slechtheid die we hebben ontdekt en worden Gods kinderen door voor het Licht te verschijnen. Daarom, betekent het verwerpen van onreinheden van een offer in het oosten, geestelijk hoe wij, die leven te midden van geestelijke onreinheid – zonde en slechtheid, de zonde verwerpen en Gods kinderen worden.

Door de brandoffers van runderen, lammeren, geiten en vogels, kunnen wij nu Gods liefde en gerechtigheid begrijpen. God beval brandoffers omdat Hij wilde dat het volk van Israël elke dag zou leven in rechtstreekse en intieme gemeenschap met Hem door Hem altijd brandoffers te geven. Wanneer u zich dit herinnert, hoop ik dat u zult aanbidden in geest en waarheid en niet alleen de Dag des Heren zult heiligen, maar ook een liefelijk reukwerk voor God zult offeren vanuit uw hart, alle 365 dagen van het jaar. Dan zal onze God, die ons heeft beloofd, "verlustig u in de Here; dan zal Hij u geven de wensen van uw hart." (Psalm 37:4), ons overal waar wij gaan overweldigen met voorspoed en ontzagwekkende zegeningen.

Hoofdstuk 4

Het spijsoffer

"Wanneer iemand de Here een offergave van spijsoffer brengen wil, dan zal zijn offergave bestaan uit fijn meel, en hij zal olie daarop gieten en wierook daarbij doen."

Leviticus 2:1

1. De betekenis van het spijsoffer

Leviticus 2 legt het spijsoffer uit en hoe het aan God moet worden geofferd, zodat het een levend en heilig offer kan zijn waarin Hij welgevallen heeft.

Zoals we kunnen lezen in Leviticus 2: 1, "Wanneer iemand de Here een offergave van spijsoffer brengen wil, dan zal zijn offergave bestaan uit fijn meel, en hij zal olie daarop gieten en wierook daarbij doen." Is een spijsoffer een offer dat aan God wordt gegeven met fijn meel. Het is een offer van dankzegging aan God, die ons leven heeft gegeven en ons dagelijks brood geeft. In hedendaagse termen, betekent het een dankoffer tijdens de zondag aanbiddingdienst die aan God gegeven wordt omdat Hij ons in de week daarvoor heeft beschermd.

In de offers die aan God gegeven werden, was het vergieten van bloed van dieren, zoals bijvoorbeeld van runderen of lammeren als een zondeoffer vereist. Dat komt omdat de vergeving van onze zonden door het vergieten van het bloed van dieren ons verzekert dat onze gebeden en smekingen bij de heilige God aankomen. Een spijsoffer is echter een offer van dankzegging, welke het vergieten van bloed niet vereist, en het wordt naast het brandoffer gegeven. Mensen gaven hun eerste vruchten aan God en andere goede dingen van het graan dat zij hadden geoogst, als spijsoffer aan Hem omdat Hij het zaad waarmee zij hadden gezaaid en hen eten had gegeven en hen had beschermd tot de oogsttijd.

Meel werd gewoonlijk geofferd als spijsoffer. Fijn meel, ovengebakken brood, en vroeg gerijpte verse aren, en alle offers werden gekruid met olie en zout, en wierook werden toegevoegd.

Daarna werd een handvol van het offer, geofferd in de rook om God te behagen met de geur. We lezen in Exodus 40:29, "Het brandofferaltaar zette hij bij de ingang van de tabernakel, de tent der samenkomst, en hij offerde daarop het brandoffer en het spijsoffer – zoals de Here Mozes geboden had." God gaf het bevel dat wanneer een brandoffer werd gebracht, er op hetzelfde moment ook een spijsoffer moest worden gegeven. Daarom, moeten wij een volledige geestelijke dienst van aanbidding brengen voor God, alleen wanneer wij Hem dankoffers brengen tijdens de zondag aanbiddingdienst.

De etymologie van een "spijsoffer" is een "offer" en "gave." God wil niet dat wij deelnemen aan verschillende aanbiddingdiensten met lege handen, maar in daden het hart van dankzegging laten zien door Hem dankzegging te offeren. Om die reden vertelt Hij ons in 1 Thessalonicenzen 5: 18, "Dankt onder alles, want dat is de wil Gods in Christus Jezus ten opzichte van u," en in Mattheus 6: 21, "Want, waar uw schat is, daar zal ook uw hart zijn."

Waarom moeten wij in alles dank geven en een spijsoffer aan God offeren? Ten eerste, de gehele mensheid was op het pad van vernietiging door de ongehoorzaamheid van Adam, maar God gaf ons Jezus als een verzoening voor onze zonden. Jezus heeft ons van de zonde verlost en door Hem kunnen wij eeuwig leven verkrijgen. Daar God, die alles in het heelal en de mens had geschapen, nu onze Vader is, kunnen wij genieten van de autoriteit als Gods kinderen. Hij heeft ons toegestaan om de eeuwige Hemel te bezitten, dus hoe zou er dan een andere manier kunnen zijn om Hem te danken?

God geeft ons ook de zon en beheerst de regen, de wind, en het klimaat waar wij van genieten, zodat wij overvloedige oogst kunnen oogsten waardoor Hij ons dagelijks brood geeft. Bovendien, is het

God die een ieder van ons beschermt van deze wereld waarin zonde, ongerechtigheid, ziekten, en ongelukken gebeuren. Hij beantwoordt onze gebeden die door geloof zijn geofferd en Hij zegent ons altijd zodat wij een overwinnend leven kunnen leiden. Dus opnieuw, hoe zouden wij Hem dan geen dank kunnen brengen!

2. Offers in het spijsoffer

In Leviticus 2:1 zegt God, "Wanneer iemand de Here een offergave van spijsoffer brengen wil, dan zal zijn offergave bestaan uit fijn meel, en hij zal olie daarop gieten en wierook daarbij doen." Graan geofferd aan God als een spijsoffer moet bestaan uit fijn meel. Gods bevel dat het geofferde graan "fijn" moet zijn, geeft het soort van hart weer waarmee wij offers moeten brengen voor Hem. Om fijn meel te maken van graan, moet het graan verschillende processen ondergaan, inclusief schillen, malen, en ziften. Elk van deze vereist veel arbeid en zorg. De tint van voedsel gemaakt met fijn meel is mooi van uitzicht en is ook veel smakelijker.

De geestelijke betekenis achter Gods gebod dat het spijsoffer van "fijn meel" moest zijn, betekent dat God het offer zal aanvaarden dat is voorbereid met de uiterste zorg en in blijdschap. Hij neemt het met blijdschap aan wanneer wij een dankbaar hart laten zien, niet wanneer wij alleen maar dankzeggen met onze mond. Daarom, wanneer wij de tienden of dankoffers brengen, moeten wij er zeker van zijn dat we met ons hele hart geven, zodat God het met blijdschap kan aanvaarden.

God is de heerser van alle dingen en Hij beveelt de mensen om offers aan Hem te brengen, maar dat komt niet omdat Hij aan iets gebrek heeft. Hij heeft de kracht om de rijkdom van ieder persoon te laten toenemen en de kracht om de bezittingen van iemand weg te nemen. De reden waarom God offers wil ontvangen, van ons is, zodat Hij ons op een nog grotere en overvloedigere wijze kan zegenen voor de offers die wij aan Hem hebben gegeven door geloof en in liefde.

Zoals we kunnen zien in 2 Korintiërs 9:6, "(Bedenkt) dit: wie karig zaait, zal ook karig oogsten, en wie mildelijk zaait, zal ook mildelijk oogsten," is het oogsten overeenkomstig wat iemand zaait een wet in de geestelijke wereld. Zodat Hij ons overvloediger kan zegenen, onderwijst God ons om Hem dankoffers te geven.

Wanneer wij in dit feit geloven en dus offers geven, moeten wij natuurlijk met ons hele hart geven, net zoals we God fijn meel zouden offer, en we moeten Hem de kostbaarste offers geven die onberispelijk en puur zijn.

"Fijn meel" betekent ook Jezus' natuur en leven, welke beiden op zich perfect zijn. Het leert ons ook dat, net zoals wij met uiterste zorgvuldigheid tarwebloem maken, wij een leven moeten leiden van zwoegen en gehoorzaamheid.

Wanneer spijsoffers worden gegeven met het meel van granen, nadat het meel met de olie is gemengd, en het gebakken is in een oven of het als een beslag op het rooster gieten, of in een pan doen om te bakken, offerden de mensen het daarna in de rook op het altaar. Het feit dat er spijsoffers werden geofferd op verschillende manieren, betekent dat de betekenis waarmee de mensen hun levensonderhoud verdienden alsook de redenen om dank te geven verschillend waren.

Met andere woorden, bovenop de redenen waarvoor wij altijd dank geven op zondag, kunnen wij ook dankbaar zijn omdat we zegeningen hebben ontvangen of antwoorden op onze hartverlangens; beproevingen en testen hebben overwonnen door geloof; en dergelijke. Echter, net zoals God ons heeft bevolen om "in alles dank te geven," moeten wij redenen zoeken om dankbaar te zijn en ook dankzegging geven overeenkomstig deze. Alleen dan zal God de geur van onze harten aanvaarden en er voor zorgen dat de redenen om dankbaar te zijn in ons leven blijven bestaan.

3. Het spijsoffer geven

1) Een spijsoffer van fijn meel met olie en wierook erop

Het gieten van olie op het fijne meel, zal ervoor zorgen dat het meel een beslag wordt en een mooi brood, terwijl de wierook op het brood de volledige kwaliteit en verschijning van het brood zal vermeerderen. Wanneer dit tot de priester wordt gebracht, neemt hij een handjevol van dit fijne meel en de olie met alle wierook, en offert het in de rook op het altaar. Dit is wanneer een liefelijke geur ontstaat.

Welke betekenis heeft het uitgieten van olie op het meel?

"Olie" verwijst hier naar het vet van dieren of harsolie uit planten geperst. Gemengd fijn meel met "olie" betekent dat we al onze energie moeten geven – ons hele leven – wanneer wij offers aan God brengen. Wanneer wij God aanbidden of offers aan Hem brengen, geeft God ons de inspiratie en volheid van de Heilige Geest en staat ons toe om een leven te leiden waarin wij een rechtstreekse intieme relatie met Hem hebben. Het uitgieten van olie symboliseert dat wanneer wij iets aan God geven, wij het aan Hem moeten geven met heel ons hart.

Wat betekent het om wierook op het offer te brengen?

We lezen in Romeinen 5: 7, "Want niet licht zal iemand voor een rechtvaardige sterven – maar misschien heeft iemand nog de moed voor een goede te sterven." En toch, overeenkomstig Gods wil, stierf Jezus voor ons, die noch rechtvaardig noch goed waren, maar zondig. Hoe liefelijk moet de geur van Jezus' liefde geweest zijn voor God? Dit is hoe Jezus de autoriteit van de dood heeft vernietigd, aan de rechterhand van God zat, de Koning de koningen werd, en een echte, onschatbare geur voor God werd.

Efeziërs 5: 2 spoort ons aan om "in de liefde te wandelen, zoals ook Christus ons heeft liefgehad en Zich voor ons heeft overgegeven als offergave en slachtoffer, Gode tot een welriekende reuk." Toen Jezus voor God werd geofferd als een offer, was Hij als een offer met wierook erop. Daarom, zoals wij Gods liefde hebben ontvangen, moeten wij ook onszelf opofferen als een geur en liefelijk reukwerk, net zoals Jezus deed.

"Wierook op het fijne meel doen" betekent dat net zoals Jezus God verheerlijkte met een welriekende geur, door Zijn natuur en daden, moeten wij leven door Gods Woord met heel ons hart en Hem verheerlijken door de geur van Christus uit te dragen. Alleen wanneer wij God offers van dankzegging brengen terwijl wij de geur van Christus uitdragen, zal ons offer een spijsoffer zijn, welke waardig is om door God te worden aanvaard.

2) Geen zuurdeeg of honing zal worden toegevoegd

Leviticus 2:11 zegt, "Geen spijsoffer, dat gij de Here brengt, zal gezuurd bereid worden, want van zuurdeeg noch honig zult gij iets als een vuuroffer voor de Here in rook doen opgaan" God beval dat er geen zuurdeeg aan het brood mocht worden toegevoegd, want net zoals zuurdeeg het deeg gemaakt van meel doet gisten, zal geestelijk "zuurdeeg" ook het offer doen bederven en verderven. De onveranderlijke en volmaakte God wil dat onze offers onvervalst blijven en aan Hem worden geofferd als fijn meel – vanuit het diepst van ons hart. Daarom, wanneer wij offers brengen, moeten wij een onveranderlijk, rein en zuiver hart hebben, en in dankbaarheid, liefde voor en geloof in God hebben.

Wanneer wij offers geven, denken sommige mensen hoe zij door anderen kunnen worden opgemerkt en geven uit formaliteit. Anderen geven met een hart dat gevuld is met verdriet en zorgen. En toch, zoals Jezus ons waarschuwde voor het zuurdeeg van de farizeeërs, wat hetzelfde is als hypocrisie, wanneer wij geven terwijl we ons voordoen als zijnde geheiligd, slechts aan de buitenkant en de erkenning van anderen zoeken, zal ons hart als een spijsoffer zijn, wat besmet is met zuurdeeg en heeft het niets met God te maken.

Daarom moeten wij geven zonder enige zuurdeeg en vanuit het diepst van ons hart in liefde voor en met dankbaarheid voor God. We behoren niet met tegenzin te geven of te midden van verdriet en zorgen zonder geloof. We moeten overvloedig geven met een standvastig geloof in God, die ons offer zal aanvaarden en ons zal zegenen in geest en lichaam. Om de geestelijke betekenis aan ons te onderwijzen, heeft God ons bevolen om geen offer te brengen dat met zuurdeeg is gemaakt.

Er zijn tijden, wanneer God ons echter wel toestaat om offers aan Hem te brengen die gemaakt zijn met zuurdeeg. Deze offers worden niet in rook gebracht, maar de priesters bewegen het op en neer bij het altaar om het geven van het offer voor God uit te drukken, en brengen het dan terug naar de mensen om het te delen en te eten. Dit wordt een "beweegoffer" genoemd, welke, in tegenstelling tot een spijsoffer, wel zuurdeeg mag bevatten wanneer de handelingen veranderden.

Bijvoorbeeld, mensen van geloof zullen niet alleen op zondag deelnemen aan de aanbiddingdienst, maar zullen ook bij alle andere diensten aanwezig zijn. Wanneer mensen met een zwak geloof deelnemen aan de zondagdiensten, maar niet op de vrijdag nachtdienst of woensdag avonddienst, zal God hun gedrag niet als zondig beschouwen. In termen van procedures, terwijl een zondagdienst een nauwgezet programma volgt, kunnen de aanbiddingdiensten met huisgroep leden of celgroepleden, ondanks dat ze een basisstructuur volgen, betreffende de boodschap, gebed, en aanbidding, afwijken afhankelijk van de omstandigheden. Terwijl we de basis en noodzakelijke regels vasthouden, het feit dat God ruimte toestaat voor een beetje flexibiliteit afhankelijk van iemands omstandigheden of mate van geloof is de geestelijke betekenis van het geven van offers gemaakt met zuurdeeg.

Waarom verbiedt God dan wel de toevoeging van honing?

Net zoals zuurdeeg, kan ook honing de eigenschappen van fijn meel doen bederven. Honing verwijst hier naar zoete siroop gemaakt uit sap van dadels in Palestina, en het kan heel gemakkelijk bederven en rot worden. Om die reden verhoede God de corruptie van de integriteit van het meel door de toevoeging van honing. Hij vertelt ons ook dat wanneer Gods kinderen aanbidden of Hem offers brengen, wij dit moeten doen vanuit een volmaakt hart, dat niet misleidt of verandert.

Mensen kunnen misschien denken dat door de toevoeging van honing het offer er beter uitziet. Ongeacht hoe goed iets er voor mensen uitziet, heeft God echter alleen behagen in het ontvangen van hetgeen Hij heeft bevolen, en wat mensen Hem beloven om te geven. Sommige mensen zijn snel met het beloven van een specifiek ding aan God, maar wanneer de omstandigheden veranderen, veranderen zij hun gedachte en geven iets anders. En toch verafschuwt God het wanneer mensen van gedachten veranderen betreffende wat God heeft bevolen, of wanneer zij hun gedachten veranderen over iets wat zij hebben beloofd, vanwege persoonlijk voordeel wanneer de werken van de Heilige Geest erin betrokken zijn. Daarom, wanneer een person heeft beloofd om een mannelijk dier te offeren, zou hij het zeker aan God moeten offeren zoals het staat opgeschreven in Leviticus 27: 9-10, wat zegt, "En indien het vee is, waarvan men de Here een offergave brengt, dan zal alles wat men daarvan de Here geeft, heilig zijn. Men zal het niet verwisselen noch verruilen, goed voor slecht of slecht voor goed. Maar indien men toch een stuk vee voor een ander verruilt, dan zal dit zowel als het daarvoor verruilde heilig zijn."

God wil dat wij aan Hem geven met en rein hart, niet alleen wanneer wij offers geven, maar in alles. Wanneer er twijfel of misleiding in het hart van een persoon is, zal God op grond van dergelijke kenmerken het als een onaanvaardbaar gedrag beschouwen.

Bijvoorbeeld, koning Saul sloeg geen acht op het bevel van God, en veranderde het zoals het hem goed uitkwam. Als gevolg, was hij ongehoorzaam aan God. God had Saul het bevel gegeven om de koning van Amalak, het volk en alle dieren te vernietigen. Na het winnen van de oorlog door Gods kracht, volgde Saul echter niet het bevel van God. Hij spaarde en bracht de koning, Agag, en het beste van de dieren van Amalek mee terug. Zelfs nadat hij werd bestraft, bekeerde Saul zich niet en bleef ongehoorzaam, en uiteindelijk werd hij door God verlaten.

Numeri 23: 19 vertelt ons, "God is geen man, dat Hij liegen zou; of een mensenkind, dat Hij berouw zou hebben." Voor ons om God te behagen, moet ons hart eerst worden veranderd in een rein hart. Ongeacht hoe goed iets mag lijken voor een mens, en zijn manier van denken, hij moet nooit datgene doen wat God heeft verboden en dit moet nooit veranderen, zelfs niet na verloop van tijd. Wanneer mensen gehoorzaam zijn aan Gods wil met een rein en onveranderlijk hart, is God verheugd. Hij aanvaardt zijn offers en zegent hem.

Leviticus 2: 12 zegt, "Als offergave der eerstelingen zult gij ze de Here brengen, maar zij zullen niet tot een liefelijke reuk op het altaar komen." Een offer moet een liefelijke geur zijn welke God met vreugde zal aanvaarden. Hier, vertelt God ons dat het spijsoffer niet op het altaar moet worden geplaatst, met als enige doel om het te offeren in de rook en zo'n geur te verspreiden. Het doel van ons geven van een spijsoffer is niet in de daad, maar in het offeren van de geur van ons hart aan God.

Ongeacht hoeveel goede dingen wij offeren, wanneer het niet wordt geofferd met het soort van hart dat God behaagt, kan het een liefelijke geur voor mensen zijn, maar niet voor God. Het is gelijk aan hoe kinderen een geschenk aan hun ouders geven met een hart vol dankbaarheid en liefde voor de genade die zij hebben ontvangen vanaf de geboorte en dat ze met liefde zijn opgevoed, en niet vanuit een formaliteit, zal het een bron van ware vreugde zijn voor de ouders.

Evenzo, wil God niet dat wij uit gewoonte geven en ons zelf verzekeren, "Ik heb datgene gedaan wat ik moest doen," maar de geur van ons hart uitdragen dat gevuld is met geloof, hoop en liefde.

3) Op smaak brengen met zout

We lezen in Leviticus 2: 13, "En elke offergave van uw spijsoffer zult gij zouten, gij zult het zout van het verbond uws Gods aan uw spijsoffer niet laten ontbreken; bij al uw offergaven zult gij zout voegen." Zout smelt in en voorkomt dat het voedsel bederft en geeft het voedsel ook een smaak door het te kruiden.

"Kruiden met zout" betekent geestelijk "vrede maken." Net zoals het zout moet smelten om het eten te kruiden, vereist de rol van het zout waarmee wij vrede kunnen maken, een offer van dood aan ons ik. Daarom, betekent Gods bevel dat een spijsoffer gekruid moet zijn met zout dat wij offers aan God moeten brengen door onszelf te offeren om vrede te maken.

Hiertoe, moeten wij eerst Jezus Christus aannemen en in vrede zijn met God door tot bloedens toe te strijden tegen de zonde, slechtheid, lust en onze oude ik.

Veronderstel dat iemand willens en wetens zondigt, wat God afschuwelijk vindt en dan een offer aan God brengt zonder zich te bekeren van zijn zonden. God kan het offer niet aannemen met blijdschap, omdat de vrede tussen de person en God al reeds verbroken is. Om die reden schreef de Psalmist, "Had ik onrecht beoogd in mijn hart, dan zou de Here niet hebben gehoord" (Psalm 66: 18). God zal niet alleen met blijdschap ons gebed aannemen, maar ook ons offer, als wij de zonde hebben verlaten, vrede met Hem hebben gesloten en Hem offers geven.

Vrede maken met God, vereist dat elk persoon een offer maakt waarin het ik word gedood. Net zoals de apostel Paulus beleed, "Ik sterf dagelijks," alleen wanneer een persoon zichzelf verloochend en zichzelf offert kan hij vrede met God bereiken.

We moeten ook altijd vrede hebben met onze broeders en zusters in geloof. Jezus vertelde ons in Mattheüs 5: 23-24, "Wanneer gij dan uw gave brengt naar het altaar en u daar herinnert, dat uw broeder iets tegen u heeft, laat uw gave daar, vóór het altaar, en ga eerst heen, verzoen u met uw broeder en kom en offer daarna uw gave." God zal ons offer niet met blijdschap aannemen, wanneer wij zondigen, slecht handelen en onze broeders en zusters in Christus kwellen.

Zelfs wanneer een broeder ons kwaad doet, moeten wij geen haat tegen hem hebben of mopperen, maar we moeten vergeven en vrede met hem hebben. Ongeacht de redenen, kunnen we niet in onenigheid zijn of ruzie hebben, of pijn veroorzaken tegen onze broeders en zusters in Christus zodat ze vallen. Alleen nadat wij vrede hebben gemaakt met alle mensen en onze harten gevuld hebben met de Heilige Geest, zal vreugde en dankbaarheid ons offer "kruiden met zout."

Ook, in Gods bevel "kruidt het met zout" is de kernbetekenis van het verbond, zoals we het vinden in "het zout van het verbond van onze God." Zout wordt uit het water van de oceaan gehaald en het water betekent Gods Woord. Net zoals zout een zoutige smaak geeft, verandert het Woord van God van het verbond ook nooit.

De offers "op smaak brengen met zout" betekent dat we moeten vertrouwen op het onveranderlijke verbond van de getrouwe God en moeten geven met een volkomen hart. In het geven van dankoffers, moeten wij geloven dat God zeker een goede, geschudde en gedrukte maat terug zal geven, tot overvloedens toe ons 30-, 60- en 100-voudig zal zegenen, van datgene wat wij geven.

Sommige mensen zeggen, "Ik geef zonder zegeningen terug te

verwachten, maar alleen om..." Maar toch heeft God meer behagen in het geloof van een persoon die nederig Zijn zegeningen zoekt. Hebreeën 11 vertelt ons over Mozes die de plaats als prins van Egypte verliet, omdat hij "keek naar de vergelding" die God hem zou geven. Onze Jezus, die ook naar de beloning keek, vond de vernedering aan het kruis niet erg. Door te kijken naar de grote vrucht – de glorie welke God op Hem zou brengen en de redding van de mensheid – kon Jezus gemakkelijk de wrede straf aan het kruis verdragen.

Natuurlijk, is iemands "blik op vergelding volledig anders dan die van iemand die in zijn hart voorberekend dat hij iets zal terugontvangen omdat hij al iets heeft gegeven. Zelfs wanneer er geen beloning is, kan een persoon in zijn liefde voor God toch voorbereid zijn om zijn eigen leven te geven. Echter, doorgrondend het hart van onze Vader God, die verlangt om hem, die in de kracht van God gelooft, te zegenen, zelfs wanneer de mens zegeningen zoekt, zal zijn daad God nog meer behagen. God heeft beloofd dat de mens zal zaaien wat hij heeft geoogst, en Hij aan degenen zou geven die zoeken. God heeft behagen wanneer wij offers geven in ons geloof, in Zijn Woord, alsook ons geloof waarmee wij Zijn zegeningen vragen overeenkomstig Zijn belofte.

4) Het overblijfsel van het spijsoffer is voor Aäron en zijn zonen

Terwijl het brandoffer volledig werd geofferd in de rook op het altaar, werd het spijsoffer naar een priester gebracht en werd slechts een deel aan God geofferd in de rook op het altaar. Dit betekent dat terwijl wij volkomen aan God moeten geven een verscheidenheid van aanbiddingsdiensten – spijsoffers – zij aan God moeten worden gegeven zodat ze gebruikt kunnen worden voor Gods koninkrijk en gerechtigheid, en hun porties mogen door de priesters worden gebruikt, die vandaag de dag dienstknechten van God zijn en werkers in de kerk. Zoals Galaten 6: 6 ons zegt, "En hij, die onderricht wordt in het woord, dele van alle goed mede aan wie dat onderricht geeft," wanneer leden van de kerk, die genade van God hebben ontvangen, een dankoffer brengen, krijgen Gods dienstknechten die het Woord onderricht hebben een deel van de dankoffers.

Spijsoffers worden samen met brandoffers aan God gebracht, en dienen als een voorbeeld van een leven van dienstbaarheid, die Christus Zelf ook leidde. Daarom moeten wij door geloof offers geven met ons hele hart en ons uiterste best doen. Ik hoop dat elke lezer op een gepaste manier zal aanbidden overeenkomstig de wil van God en overvloedige zegeningen zal ontvangen door aan God welriekende offers te brengen waarin Hij welgevallen heeft.

Hoofdstuk 5

Het vredeoffer

"Indien zijn offergave een vredeoffer is: indien hij dat brengt van rundvee, dan zal hij een gaaf dier, hetzij van het mannelijk, hetzij van het vrouwelijk geslacht, voor het aangezicht des Heren brengen."

Leviticus 3:1

1. Betekenis van het vredeoffer

In Leviticus 3 zijn de wetten betreffende het vredeoffer opgeschreven. Een vredeoffer betreft het slachten van een gaaf dier, het bloed rondom het altaar sprenkelen, en het vet ervan in de rook op het altaar laten opgaan voor God als een welriekende geur. Terwijl de procedures van het vredeoffer gelijk zijn aan die van het brandoffer, zijn er een aantal verschillen. Sommige mensen begrijpen het doel van het vredeoffer verkeerd en denken dat het bedoeld is om vergeving van zonde te ontvangen; het voornaamste doel van het schuldoffer en zondeoffer zijn de vergeving van zonden.

Een vredeoffer is een offer bedoeld om vrede tussen God en ons te bereiken, en mensen drukken hun dankbaarheid ermee uit, maken beloften aan God, en geven vrijwillig aan God. Afzonderlijk geofferd door mensen die vergeving van hun zonden hebben ontvangen, door de zondeoffers en brandoffers en nu een directe en intieme gemeenschap met God hebben, heeft het vredeoffer tot doel om vrede met God te krijgen, zodat ze God volkomen kunnen vertrouwen in elk aspect van hun leven.

Terwijl het spijsoffer dat in Leviticus 2 wordt geschetst, beschouwd wordt als een dankoffer, is het een gebruikelijk dankoffer dat gegeven wordt uit dankbaarheid aan God, die ons heeft gered, beschermt, en voorziet in ons dagelijks brood en het is verschillend van het vredeoffer en de dankbaarheid die erdoor wordt uitgedrukt. Bovenop de dankoffers die wij op zondag geven, geven wij ook afzonderlijk dankoffers wanneer we een bijzondere reden hebben om te danken. De vredeoffers bevatten ook de offers die vrijwillig worden gegeven om God te behagen, om zichzelf apart te zetten en een heilig leven te leven door Gods Woord, en om van

Hem de verlangens van zijn hart te ontvangen.

Terwijl de vredeoffers meerdere betekenissen kunnen hebben, is het meest fundamentele doel vastgelegd in het hebben van vrede met God. Eens wij vrede hebben met God, geeft Hij ons de kracht waardoor wij kunnen leven door de waarheid, antwoordt Hij de verlangens van ons hart, en geeft ons de genade waardoor wij elke belofte kunnen vervullen die wij voor Hem hebben gemaakt.

Zoals 1 Johannes 3: 21-22 ons vertelt, "Geliefden, als ons hart ons niet veroordeelt, hebben wij vrijmoedigheid tegenover God, en ontvangen wij van Hem al wat wij bidden, daar wij zijn geboden bewaren en doen wat welgevallig is voor zijn aangezicht," wanneer we vrijmoedig worden voor God omdat we leven overeenkomstig de waarheid, zullen wij vrede met Hem hebben en Zijn werken ervaren in alles wat wij Hem vragen. Wanneer wij Hem behagen, zelfs met bijzondere offers, kunt u zich voorstellen hoeveel sneller God ons zou antwoorden en zegenen?

Daarom is het noodzakelijk dat we heel goed de betekenis van het spijsoffer en het vredeoffer begrijpen en het onderscheid tussen de spijsoffers en vredeoffers kennen, zodat God onze offers met blijdschap zal aanvaarden.

2. Offeren in het vredeoffer

God vertelt ons in Leviticus 3: 1, "Indien zijn offergave een vredeoffer is: indien hij dat brengt van rundvee, dan zal hij een gaaf dier, hetzij van het mannelijk, hetzij van het vrouwelijk geslacht, voor het aangezicht des Heren brengen." Of het vredeoffer nu een lam of een geit is, of mannelijk of vrouwelijk, het moet gaaf zijn (Leviticus 3: 6, 12).

Een offer in het brandoffer moest een gaaf mannelijk rund of lam zijn. Dat komt omdat het volmaakte offer voor het brandoffer – voor de geestelijke aanbiddingdienst – Jezus Christus betekent, de onberispelijke Zoon van God.

Echter, zoals wij het vredeoffer aan God geven om vrede met Hem te hebben, is het niet noodzakelijk om onderscheid te maken tussen een mannetje of een vrouwtje, zolang het offer maar gaaf is. Dat er geen onderscheid wordt gemaakt in mannelijk of vrouwelijk in het geven van het vredeoffer komt van Romeinen 5: 1, "Wij dan, gerechtvaardigd uit het geloof, hebben vrede met God door onze Here Jezus Christus." In het bereiken van vrede met God door de werken van Jezus' bloed aan het kruis, is er geen verschil tussen mannelijk en vrouwelijk.

Wanneer God beveelt dat het "een gaaf" offer moet zijn, verlangt Hij ook van ons dat wij aan Hem geven niet met een gebroken geest, maar met het hart van een mooi kind. We moeten noch met tegenzin geven, noch terwijl we de erkenning van anderen zoeken, maar vrijwillig en in geloof. Het heeft alleen maar zin voor ons om en gaaf offer te geven wanneer wij een dankoffer geven voor Gods genade en redding. Een offer gegeven aan God zodat we op Hem kunnen blijven vertrouwen in elk aspect van ons leven, zodat Hij met ons zal zijn en ons te allen tijde zal beschermen, en zodat we mogen leven overeenkomstig Zijn wil, moet het beste zijn wat we kunnen geven en moet gegeven worden met uiterste zorg en met heel ons hart.

Wanneer de offers in het brandoffer en het vredeoffer worden vergeleken, is er een interessant feit dat we opmerken: duiven zijn bij het laatste uitgesloten. Waarom? Ongeacht hoe arm een persoon is, een brandoffer moet door alle mensen kunnen worden geofferd, en dat is de reden waarom God ook het offeren van duiven toestond, die van uitgewonnen kleine waarde zijn.

Bijvoorbeeld, wanneer een nieuweling in het leven in Christus met een zwak, klein geloof alleen maar de zondagdiensten bijwoont, beschouwd God dat als zijn geven van een brandoffer. Terwijl een heel brandoffer aan God wordt gegeven wanneer gelovigen volledig door Gods Woord leven, vasthouden aan een directe en intieme relatie met God, en aanbidden in geest en waarheid, zal God in het geval van de nieuweling, wanneer hij in geloof de Dag des Heren heiligt, dat beschouwen als het offer van een duif, van kleine waarde als een brandoffer en hem leiden op het pad van redding.

Een vredeoffer is echter niet een vereist offer, maar een vrijwillig offer. Het wordt aan God gegeven zodat mensen antwoorden en zegeningen kunnen ontvangen door God te behagen. Wanneer een duif van kleine waarde gegeven zou worden, zou het zijn betekenis en doel verliezen als een speciaal offer, en dat is de reden waarom duiven zijn uitgesloten.

Veronderstel dat een persoon een offer wil geven om een belofte of eed te vervullen, een diep verlangen of om genezing van God te ontvangen van een ongeneselijke of terminale ziekte. Met wat voor soort hart zou het offer gegeven moeten worden? Het zal voorbereidt moeten worden met een volkomener hart dan bij een dankoffer wat op regelmatige basis wordt gegeven. God zal behagen hebben wanneer wij Hem een mannelijk rund of afhankelijk van de situatie van ieder persoon, als wij Hem een koe of een lam of een geit offerden, maar de waarde van een duif is te onbeduidend.

Natuurlijk, is dit niet om te zeggen dat de "waarde" van een offer volledig afhangt van de geldwaarde. Wanneer ieder persoon het offer met een volkomen hart en denken en uiterste zorg voorbereidt, overeenkomstig zijn eigen omstandigheden, zal God de waarde van offer schatten gebaseerd op het geestelijk aroma dat het bevat.

3. Het vredeoffer geven

1) De handen op de kop van het vredeoffer leggen en het slachten aan de deurposten van de Tent der Samenkomst

Wanneer de persoon die het offer brengt, zijn handen op de kop legt aan de ingang van de tent der samenkomst, legt hij zijn zonden op het dier. Wanneer een persoon het vredeoffer brengt, legt hij zijn handen op het offer, dan zet hij het dier apart als een offer om aan God te geven en zalft het dus.

Om onze offers waarop wij onze handen leggen, tot een welgevallig offer voor God te maken, moeten wij niet de hoeveelheid vaststellen overeenkomstig de vleselijke gedachten, maar overeenkomstig de inspiratie van de Heilige Geest. Alleen zulke offers zullen met blijdschap aangenomen, apart gezet en gezalfd worden door God.

Nadat hij zijn handen op de kop van het offer heeft gelegd, slacht de persoon die het offer geeft het in de ingang van de tent der samenkomst. Tijdens het Oude Testament, konden alleen de priesters het heiligdom binnen gaan en de mensen moesten de dieren bij de ingang van de Tent der Samenkomst slachten. Echter, nu de muur van zonde die tussen ons en God in stond vernietigd is door Jezus Christus, kunnen wij vandaag het heiligdom binnengaan, God aanbidden en een rechtstreekse en intieme relatie hebben met Hem.

2) Aäron's zonen, de priesters sprenkelden het bloed rondom het altaar

Leviticus 17: 11 vertelt ons, "Want de ziel van het vlees is in het bloed en Ik heb het u op het altaar gegeven om verzoening over uw zielen te doen, want het bloed bewerkt verzoening door middel van de ziel." Hebreeën 9: 22 vertelt ons ook, "En nagenoeg alles wordt volgens de wet met bloed gereinigd, en zonder bloedstorting geschiedt er geen vergeving," en het herinnert ons dat wij alleen door bloed gereinigd kunnen worden. In het geven van een vredeoffer aan God, voor een rechtstreekse en intieme geestelijke relatie met God, is het sprenkelen van bloed noodzakelijk, omdat wij, wiens relatie met God verbroken was, nooit in vrede met Hem kunnen zijn, zonder de werken van het bloed van Jezus Christus.

De priesters die het bloed rondom het altaar sprenkelden, betekent dat overal waar onze voeten ons leiden en in wat voor omstandigheid wij ons bevinden, de vrede met God altijd kan worden bereikt. Om te symboliseren dat God altijd met ons is, met ons wandelt, ons beschermt en ons zegent overal waar wij gaan, in alles wat wij doen, en met wie wij ook zijn, wordt het bloed rondom het altaar gesprenkeld.

3) Van het offer van vrede wordt een vuuroffer aan God gebracht

Leviticus 3 bespreekt uitgebreid de methodes van offers, niet alleen van runderen, maar ook van lammeren, en geiten als vredeoffers. Terwijl de methodes bijna gelijk zijn, willen wij ons richten op het offeren van een rund als vredeoffer. Wanneer we het vredeoffer vergelijken met het brandoffer, weten we dat alle delen van het gestroopte dier werden gegeven aan God. De betekenis van het brandoffer is de geestelijke aanbiddingdienst, en terwijl aanbidding volledig aan God alleen wordt geofferd, werden de offers volledig verbrand.

In het geven van vredeoffers, worden niet alle delen van het offer gegeven. Zoals we lezen in Leviticus 3: 3b-4, "En al het vet dat op de ingewanden ligt; benevens de beide nieren en het vet dat daaraan zit, dat aan de lenden is, en het aanhangsel aan de lever, dat hij met de nieren moet wegnemen," wordt het vet dat de belangrijkste delen van de ingewanden van het dier bedekt, geofferd aan God als een liefelijk reukwerk. Het geven van het vet van verschillende delen van het dier, betekent dat wij vrede met God moeten hebben waar we ook zijn en in wat voor omstandigheden wij ons ook maar bevinden.

Vrede hebben met God vereist ook dat we vrede hebben met alle mensen en heiligheid najagen. Alleen wanneer wij in vrede zijn met alle mensen kunnen wij volmaakt worden als Gods kinderen (Mattheüs 5: 46-48).

Nadat het vet van het offer dat aan God gegeven wordt, is verwijderd, worden de stukken die voor de priesters bestemd zijn, verwijderd. We lezen in Leviticus 7: 34, "Want de beweegborst en de hefschenkel neem Ik van de Israëlieten van hun vredeoffers en geef die aan de priester Aäron, en aan zijn zonen, als een altoosdurende inzetting voor de Israëlieten." Net zoals de porties van het spijsoffer werden gereserveerd voor de priesters, werden delen van het vredeoffer dat mensen aan God gaven gereserveerd voor het levensonderhoud van de priesters en Levieten, welke beiden God en Zijn volk dienden.

Dit is hetzelfde in het Nieuwe Testament. Door de offers die door gelovigen aan God worden gegeven, wordt het werk van God voor de redding van zielen en het levensonderhouden van de dienstknechten van God en de gemeentewerkers voorzien. Na het verwijderen van de delen voor God en de priesters, werd de rest opgegeten door de persoon die het offer bracht; dit is een uniek kenmerk met betrekking tot het vredeoffer. Dat de persoon die het offer geeft, ervan eet, betekent dat God zal laten zien dat het offer waardig was en welgevallig voor Hem door het bewijs als antwoorden en zegeningen.

4. De wet over vet en bloed

Wanneer een dier werd gedood als een offer om aan God gegeven te worden, sprenkelden de priesters het bloed rondom het altaar. Bovendien, aangezien al het niervet en vet de Here toebehoorden, werden zij als heilig beschouwd en opgeofferd in de rook op het altaar als een liefelijk reukwerk dat God behaagde. Mensen in het Oude Testament aten geen vet of bloed, omdat het vet en het bloed in verband stonden met leven. Bloed vertegenwoordigt het leven van het vlees en het vet, als de kern van het lichaam, en is ook hetzelfde als leven. Het vet vergemakkelijkt de vloeiende werkingen en activiteiten van het leven.

Welke geestelijke betekenis bevat "het vet" dan?

"Het vet" betekent allereerst de uiterste zorg van een volmaakt hart. Het geven van het vet in een vuuroffer betekent dat wij aan God geven met alles wat wij hebben en alles wat we zijn. Het verwijst naar de uiterste zorg en een volkomen hart waarmee iemand offers kan geven die waardig zijn om door God te worden aanvaard. Terwijl de inhoud van het dankoffer op het altaar, om vrede te bereiken door Hem te behagen of doordat iemand zichzelf in toewijding aan God geeft belangrijk zijn, is het soort van hart en de mate van zorg waarmee het offer wordt gegeven nog veel belangrijker. Wanneer een persoon, die iets verkeerd heeft gedaan in de ogen van God, een offer maakt om vrede te krijgen met God, dan zal dat offer met meer toewijding moeten zijn gemaakt en een volmaakter hart.

Natuurlijk vereist de vergeving van zonden het geven van een zonde- of schuldoffer. Er zijn echter tijden wanneer iemand hoopt om meer dan alleen maar eenvoudige vergeving te ontvangen van zonden, maar echt vrede met God wil maken door Hem te behagen. Bijvoorbeeld, wanneer een kind iets verkeerd heeft gedaan tegen haar vader en zijn hart heeft bedroefd, kan het hart van de vader smelten en echte vrede worden bereikt tussen de twee, wanneer zij elke poging onderneemt om haar vader te behagen, in plaats van alleen maar sorry te zeggen en vergeving te ontvangen voor haar zonden.

Bovendien, verwijst "het vet" ook naar het bidden en de volheid van de Heilige Geest. In Mattheüs 25 zijn er vijf wijze maagden die olie in kruikjes meenamen voor hun lampen, en vijf dwaze maagden die geen olie met zich meenamen en die dus niet binnen mochten op de bruiloft. Hier, betekent "olie" geestelijk gebed en de volheid van de Heilige Geest. Alleen wanneer wij de volheid van de Heilige Geest ontvangen door gebed en wij wakker zijn, kunnen wij voorkomen dat wij worden bezoedeld met de wereldse lusten en kunnen wij wachten op onze Heer, de Bruidegom, nadat wij onszelf hebben voorbereid als Zijn mooie bruiden.

Gebed moet samen met een vredeoffer aan God worden gegeven om God te behagen en Zijn antwoorden te ontvangen. Dat gebed moet niet een formaliteit zijn; het moet geofferd zijn met heel ons hart en met alles wat we hebben en alles wat we zijn, net zoals Jezus' zweet veranderde in bloeddruppels, die neervielen op de grond toen Hij aan het bidden was in Getsemane. Iedereen die op deze manier bidt zal zeker strijden en de zonde verwerpen, geheiligd worden en de inspiratie en volheid van de Heilige Geest van boven ontvangen. Wanneer zo'n persoon een vredeoffer aan God geeft, zal Hij er welgevallen in hebben en Zijn antwoorden snel geven.

Een vredeoffer is een offer dat aan God wordt gegeven in volkomen vertrouwen, zodat we waardige levens mogen leiden in Zijn nabijheid en onder Zijn bescherming. In het maken van vrede met God, moeten wij ons afkeren van onze wegen die niet welgevallig zijn in Zijn ogen; moeten wij vreugdevol offers aan Hem geven met geheel ons hart, en de volheid van de Heilige Geest ontvangen door te bidden. We zullen dan vol van hoop voor de Hemel worden en overwinnende levens leiden door de vrede die wij met God hebben gemaakt. Ik hoop dat elke lezer altijd Gods antwoorden en zegeningen zal ontvangen door te bidden met de inspiratie en in de volheid van de Heilige Geest met heel zijn hart en aan Hem vredeoffers zal geven die welgevallig zijn in Zijn ogen.

Hoofdstuk 6

Het zondeoffer

"Wanneer iemand zonder opzet zondigt in een van de dingen die de Here verboden heeft te doen, en één daarvan doet – dan zal, indien de gezalfde priester zonde gedaan en daardoor het volk in schuld gebracht heeft, hij voor de zonde die hij begaan heeft, een jonge, gave stier de Here tot een zondoffer brengen.

Leviticus 4: 2-3

1. Betekenis en typen van zondeoffers

Door ons geloof in Jezus Christus en het werk van Zijn bloed, zijn wij vergeven van al onze zonden en aangekomen bij redding. Voor ons geloof om echter erkend te worden als echt, moeten wij niet alleen met onze mond belijden, "Ik geloof," maar moeten het ook in daden laten zien en in waarachtigheid. Wanneer wij voor God als bewijs de daden van geloof laten zien welke God zal erkennen, zal Hij dat geloof zien en onze zonden vergeven.

Hoe kunnen wij de vergeving van zonden ontvangen door geloof? Natuurlijk, moet elk kind van God altijd wandelen in het licht en nooit zondigen. Maar toch, wanneer er een muur staat tussen God en een gelovige, die heeft gezondigd, toen hij nog niet volmaakt was, moet hij de oplossingen kennen en ernaar handelen. De oplossingen staan in Gods Woord betreffende het zondeoffer.

Het zondeoffer, zoals we het lezen, is een offer dat aan God gegeven wordt als een verzoening van de zonden die wij in ons leven hebben gedaan, en de methode varieert van onze God-gegeven plichten tot de individuele mate van geloof. Leviticus 4 bespreekt het zondeoffer gebracht door een gezalfde priester, de gemeente, een leider en het gewone volk.

2. Het zondeoffer van een gezalfde priester

God zegt tegen Mozes in Leviticus 4: 2-3, "Spreek tot de Israëlieten: 'Wanneer iemand zonder opzet zondigt in een van de dingen die de Here verboden heeft te doen, en één daarvan doet – dan zal, indien de gezalfde priester zonde gedaan en daardoor het volk in schuld gebracht heeft, hij voor de zonde die hij begaan heeft, een jonge, gave stier de Here tot een zondoffer brengen'"

Hier, verwijst "de zonen van Israël" geestelijk naar alle kinderen van God. De tijden wanneer "een persoon zonder opzet zondigt in een van de dingen die de Here heeft verboden te doen en één daarvan doet" is iedere keer wanneer Gods wet, dat gevonden wordt in Zijn Woord, opgeschreven in de 66 boeken van de Bijbel, wat Hij "bevolen heeft om niet te doen" wordt overtreden.

Wanneer een priester – in hedendaagse termen, een bedienaar die Gods Woord onderwijst en verkondigt, - de wet van God overtreedt, dan raakt het loon van de zonde zelfs de mensen. Omdat hij zijn kudde niet heeft onderwezen overeenkomstig de waarheid of er zelf naar leefde, is zijn zonde ernstig; zelfs als hij zonder opzet zondigt, is het uitermate pijnlijk dat een bedienaar de wil van God niet heeft gegrepen.

Bijvoorbeeld, wanneer een bedienaar de waarheid verkeerd leert, zal zijn kudde zijn woorden geloven; Gods wil trotseren; en de gemeente zal als een geheel een muur van zonde bouwen voor God. Hij heeft ons gezegd, "Weest heilig," "Onthoudt u van alle vormen van zonden," en "Bid zonder ophouden." Wat zou er nu gebeuren wanneer een bedienaar zei, "Jezus heeft ons van al onze zonden verlost. Dus we zullen gered worden, zolang we maar naar de kerk gaan"? Zoals Jezus zei in Mattheüs 15: 14, "Indien een blinde een blinde leidt, zullen zij beiden in een put vallen," is het loon van de zonde voor de bedienaar veel groter omdat beiden zowel de bedienaar als de kudde van God weg groeien. Wanneer een priester dus zondigt, "en daardoor het volk in schuld heeft gebracht," moet hij aan God een zondeoffer brengen.

1) Een jonge gave stier als zondeoffer offeren

Wanneer een gezalfde priester zondigt, en "daardoor schuld op het volk brengt" moet hij weten dat het loon van zijn zonden groter is. In 1 Samuel 2-4 kunnen we zien wat er gebeurde met de zonen van Eli, de priester, die zondigden door voor hun eigen voordeel van de offers te nemen die aan God werden gegeven. Toen Israël de oorlog tegen de Filistijnen verloor, werden Eli's zonen gedood en 30.000 soldaten van Israël verloren hun leven. Zelfs toen de Ark van God werd meegenomen, werd heel Israël onderworpen aan lijden. Dat is de reden waarom het verzoenoffer het meest waardevolle van alles moest zijn: een gave stier. Onder alle offers, aanvaardde God met blijdschap stieren en mannelijke lammetjes, en de waarde van stieren was groter. Voor het zondeoffer, moest de priester niet zomaar een stier offeren, maar het moest een stier zijn zonder gebreken; dit betekent geestelijk dat offers niet met tegenzin of zonder vreugde gegeven kunnen worden; elk offer moet een volkomen levend offer zijn.

2) Het geven van het zondeoffer

De priester zal de stier naar de ingang van de tent der samenkomst brengen voor het aangezicht des Heren, zijn hand erop leggen en het slachten; een deel van het bloed van de stier nemen en dat brengen naar de tent der samenkomst; zijn vinger in het bloed dopen en van het bloed zevenmaal sprenkelen voor het aangezicht des Heren, vóór het voorhangsel van het heiligdom. (Leviticus 4:4-6). Het leggen van de handen op de kop van de stier betekent de zonden van de mens ten laste leggen op het dier. Terwijl de persoon die gezondigd heeft, zou moeten sterven, ontvangt de persoon die de handen op de kop van het offer legt, vergeving van zonden door zijn zonden ten laste van het dier te leggen en dan het dier te slachten.

De priester moet dan een deel van het bloed nemen, zijn vinger erin dopen en het sprenkelen vóór het voorhangsel van het heiligdom in de tent van de samenkomst. Het "voorhangsel van het heiligdom" is een dik gordijn dat het Heilige scheidt van het

Heilige der Heiligen. Offers worden over het algemeen niet binnen het Heiligdom gegeven, maar op het altaar in het voorhof van de tempel; echter, de priester gaat het Heiligdom binnen met het bloed van het zondeoffer, en sprenkelt het vóór het voorhangsel van het Heiligdom, vlak voor het Heilige der Heiligen, waarin God verblijft.

De vinger dopen in het bloed, symboliseert de handeling van smeken om vergeving. Het symboliseert dat iemand zich niet alleen met zijn mond of met beloften bekeerd, maar ook de vrucht van bekering draagt door eigenlijk de zonde en het kwade te verwerpen. Het dopen van de vinger in het bloed en het "zevenmaal" sprenkelen – "zeven" is het volmaakte nummer in de geestelijke wereld – betekent dat iemand zijn zonden volledig verwerpt. Iemand kan alleen volkomen vergeving ontvangen nadat hij zijn zonden volkomen heeft verworpen en niet opnieuw zondigt.

De priester strijkt ook van het bloed aan de horens van het reukaltaar, dat voor het aangezicht des Heren staat in de tent der samenkomst; en al het (overige) bloed van de stier zal hij uitgieten aan de voet van het brandofferaltaar, dat bij de ingang van de tent der samenkomst staat (Leviticus 4: 7). Het wierookaltaar – het reukaltaar – is een altaar voorbereidt om wierook te verbranden; wanneer het wierook in vuur en vlam staat, aanvaardt God de wierook. Bovendien, vertegenwoordigen hoorns in de Bijbel een koning en zijn waardigheid en autoriteit; ze verwijzen naar de Koning, onze God (Openbaring 5: 6). Het bloed aan de hoorns van het reukaltaar strijken dient als een bewijs dat het offer door God, onze Koning is aangenomen.

Hoe kunnen wij ons vandaag nu bekeren op een manier dat God het zal aanvaarden? Het is al eerder vermeld dat zonden en het kwade werden verworpen door de vinger in het bloed van het zondoffer te dopen en het te sprenkelen. Na overdenken en bekeren van de zonden, moeten wij naar het heiligdom komen en de zonden in gebed belijden. Net zoals het bloed van het offer aan de hoorns werd gestreken zodat God het kon aanvaarden, moeten wij voor de autoriteit van onze God, de Koning komen en Hem een gebed van bekering offeren. We moeten naar het heiligdom komen, knielen en bidden in de naam van Jezus, te midden van de werken van de Heilige Geest, die toestaat dat de geest van bekering over ons komt.

Dat wil niet zeggen dat wij moeten wachten totdat wij naar het heiligdom komen om ons te bekeren. Op het moment dat wij weten dat wie iets tegen God hebben gedaan, moeten wij ons onmiddellijk bekeren en ons van onze wegen bekeren. Hier betreft het komen naar het heiligdom, de Sabbat, de Dag des Heren.

Terwijl alleen gezalfde priesters in het Oude Testament met God communiceerden, heeft de Heilige nu een verblijfplaats in ons hart gemaakt, en kunnen wij elke dag bidden en een directe en intieme relatie hebben met God te midden van de werken van de Heilige Geest. Gebed van bekering kon ook geofferd worden te midden van de werken van de Heilige Geest. Herinner echter wel, dat alle gebeden die geofferd worden volkomen zijn, door de Dag des Heren te heiligen.

Een persoon die de Dag des Heren niet heiligt, heeft geestelijk geen bewijs dat hij een kind van God is en kan geen vergeving ontvangen, zelfs al offert hij uit zichzelf gebeden van bekering. Bekering wordt zonder twijfel niet alleen door God aanvaardt wanneer iemand gebeden van bekering offert wanneer hij beseft dat hij heeft gezondigd, maar ook wanneer hij opnieuw formeel gebeden van bekering offert in Gods heiligdom op de Dag des Heren.

Na het aanbrengen van het bloed op de hoorns van het

reukaltaar, wordt het overige bloed uitgegoten aan de voet van het brandofferaltaar. Dat is een daad van het bloed volledig aan God offeren, welke het leven van het offer is, en betekent geestelijk dat we ons bekeren met een volkomen toegewijd hart. Vergeving van zonden ontvangen die we tegen God hebben gedaan verwijst naar bekering geofferd met ons hart, denken en onze grootste en oprechtste poging. Iedereen die aan God echte bekering heeft gegeven, durft niet opnieuw dezelfde zonde voor God te doen.

Vervolgens, verwijdert de priester al het vet van de stier van het zondoffer en offert het in rook op het brandofferaltaar, net zoals bij het vredeoffer, en brengt het buiten de legerplaats, waar men de as stort, en hij zal hem op een houtvuur verbranden; alles van de stier zijn vlees, schenkels en ingewanden (Leviticus 4: 8-12). "In rook doen opgaan" betekent dat in de waarheid, iemands ik word vernietigd en alleen de waarheid het overleeft.

Net zoals het vet van het vredeoffer moet worden verwijderd, moet ook bij het zondeoffer het vet worden verwijderd en dan geofferd worden in de rook op het altaar. Het vet van de stier offeren in de rook op het altaar vertelt ons dat alleen door bekering dat geofferd wordt met heel ons hart, denken en uiterste wil, door God zal worden aangenomen.

Terwijl alle delen van het offer in het brandoffer werden geofferd in de rook op het altaar, worden alle delen, behalve het vet en de nieren, geofferd op vuurhout buiten de legerplaats, waar het as wordt gestort. Waarom is dat zo?

Aangezien een brandoffer een geestelijke aanbiddingdienst is, met als intentie om God te behagen en gemeenschap met Hem te bereiken, moet het geofferd worden in de rook op het altaar in de tempel. Daar een zondeoffer echter een offer is om ons te verlossen van onreine zonden, kan het niet geofferd worden in het rook op het altaar binnen de tempel en wordt het volledig verbrand op een plaats ver van waar de mensen leven.

Zelfs vandaag, moeten wij ernaar streven om alle zonden waarvan wij ons voor God bekeerden, volledig te verwerpen. We moeten alle arrogantie, trots, onze oude mens van onze tijd in de wereld, de zondige daden van het lichaam die ongepast zijn voor God, en dergelijke, in vuur en vlam zetten door het vuur van de Heilige Geest. Het offer dat geofferd wordt in de rook – de stier – is belast met de zonden van de persoon die zijn hand erop heeft gelegd. Daarom, vanaf dat moment, moet die persoon een levend offer voor God worden dat Hem welgevallig is.

Wat moeten wij dan uiteindelijk vandaag de dag doen?

De geestelijke betekenis tussen de kenmerken van een stier om geofferd te worden en die van Jezus, die stierf om ons te verlossen van zonden, zijn al eerder uitgelegd. Daarom, wanneer wij ons hebben bekeerd en alle delen van het offer in de rook hebben geofferd, vanaf dat moment, net zoals een offer gegeven wordt aan God, moeten wij op dezelfde manier veranderen zoals onze Here een zondcoffer voor ons werd. Door ijverig de gemeenteleden te dienen namens onze Here, moeten wij de gelovigen toestaan om hun lasten te ontladen en hen voorzien van de waarheid en de goede dingen. Door onszelf toe te wijden en onze gemeenteleden te assisteren om hun harten te ontwikkelen in tranen, volharding en gebed, moeten wij onze broeders en zusters veranderen in ware, geheiligde kinderen van God. God zal de bekering dan als echt beschouwen en ons leiden op de weg van zegeningen.

Zelfs al zijn we geen bedienaars, zoals we kunnen lezen in 1 Petrus 2: 9, "Gij echter zijt een uitverkoren geslacht, een koninklijk priesterschap, een heilige natie, een volk (Gode) ten eigendom," moet één ieder van ons die in de Here gelooft volmaakt worden zoals de priesters en Gods ware kinderen worden.

Bovendien, moet een offer dat aan God gegeven wordt, samen gaan met bekering wanneer het een verzoening voor iemands zonden is. Iedereen die diep berouw heeft en zich bekeerd van zijn zonden zal van zelfsprekend een offer geven, en wanneer zulke daden gepaard gaan met dit soort hart, kan het beschouwd worden als het zoeken van bekering voor God.

3. Het zondeoffer van de gehele gemeente

"Indien de gehele vergadering Israëls zonder opzet zonde gedaan heeft, en dit voor de ogen der gemeente verborgen is gebleven, en zij tegen één van al de geboden des Heren iets gedaan heeft, dat niet gedaan mocht worden, en dus schuldig geworden is, dan zal de gemeente, wanneer de zonde die zij begaan heeft, haar bekend geworden is, een jonge stier ten zondoffer brengen en zij zal die leiden vóór de tent der samenkomst." (Leviticus 4:13-14).

In hedendaagse termen, verwijst "de zonde van de gehele gemeente" naar de zonden van een gemeente. Bijvoorbeeld, er zijn tijden waarin partijruzies ontstaan binnen een gemeente onder leiders, oudsten, senior diaconessen en problemen veroorzaken voor de gehele gemeente. Eens partijruzies zijn ontstaan en het redetwisten begint, dan eindigt de gehele gemeente in zonde en wordt er een grote muur van zonde gemaakt voor God, omdat de meeste gemeenteleden meegezogen worden in het redetwisten en kwaadspreken of slechte gevoelens koesteren tegen anderen.

Zelfs God heeft ons verteld om onze vijanden lief te hebben, anderen te dienen, onszelf te vernederen, vrede te hebben met alle mensen en de heiligheid na te jagen. Hoe beschamend en jammer is het voor God dat dienaren van God en hun kudde in onenigheid zijn of voor broeders en zusters in Christus om tegen elkaar op te staan? Wanneer zo'n dingen binnen de gemeente gebeuren, zal het niet Gods bescherming ontvangen; er zal geen opwekking zijn en moeilijkheden zullen zich voordoen in de huizen en zaken van de leden.

Hoe kunnen wij dan vergeving van een zonde van de gehele gemeente ontvangen? Wanneer de zonde van de gehele gemeente bekend is, moeten zij een stier brengen naar de ingang van de tent der samenkomst. De oudsten zullen hun handen op de kop van het offer leggen, het slachten voor de Here en het offeren aan God op dezelfde manier zoals een priester een zondeoffer offert. Het offer van het zondeoffer voor priesters en de gehele gemeente zijn gelijk in waarde en kostbaarheid. Dat betekent dat in Gods ogen, het gewicht van de zonde dat gedaan wordt door een priester en de gehele gemeente hetzelfde is.

En toch, terwijl het offer in het zondeoffer van een priester een gave stier moet zijn, mag het zondeoffer van de gehele gemeente een gewone stier zijn. Dat komt omdat het niet gemakkelijk is om de gemeente tot één hart te maken en een offer te brengen met vreugde en dankbaarheid.

Wanneer een gemeente als een geheel heeft gezondigd vandaag de dag, is het mogelijk dat onder de leden mensen zijn die geen geloof hebben of mensen die weigeren om zich te bekeren van het ongemak in hun hart. Daar het niet gemakkelijk is voor gehele gemeente om een gaaf offer te brengen aan Hem, heeft God ons daarom genade gegeven. Zelfs als er een paar mensen niet in staat zijn om een offer met een volkomen hart te geven, wanneer de meeste gemeenteleden zich bekeren en van hun wegen afkeren, zal God het zondeoffer ontvangen en vergeving schenken.

Aangezien niet elk lid van de gemeente in staat is om zijn of haar hand op de kop van het offer te leggen, leggen de oudsten van de gemeente namens de gehele gemeente hun handen op het zondeoffer dat ze aan God geven. De rest van de procedure is in alle andere stappen gelijk aan dat van het zondeoffer van priesters: de priester doopt zijn vinger in het bloed van het offer, sprenkelt het zeven keer vóór het voorhangsel van het Heiligdom, brengt het bloed aan de hoorns van het reukaltaar, en verbrand de rest van de delen van het offer buiten de legerplaats. De geestelijke betekenis van deze procedures is het volledig afkeren van de zonde. We moeten ook een gebed van bekering offeren in de naam van Jezus Christus en door de werken van de Heilige Geest in Gods heiligdom, zodat de bekering kan worden aanvaard. Nadat de gehele gemeente zich met één hart heeft bekeerd, op deze manier, zou de zonde nooit meer mogen worden herhaald.

4. Het zondeoffer van een leider

In Leviticus 4: 22-24 lezen we,

"Als een vorst gezondigd heeft en zonder opzet tegen een van al de geboden van de Here, zijn God, iets gedaan heeft dat niet gedaan mocht worden, en dus schuldig geworden is, dan zal hij, als hem de zonde die hij begaan heeft, bekend geworden is, als zijn offergave een geitenbok brengen, een gaaf dier van het mannelijk geslacht. Hij zal zijn hand op de kop van de bok leggen en hem slachten op de plaats waar men ook het brandoffer voor het aangezicht des Heren pleegt te slachten; een zondoffer is het."

Hoewel "leiders" lager in rang dan de priesters, in een positie zijn om te leiden, vallen ze in een andere categorie dan het gewone volk. Daarom, moeten leiders een bok aan God offeren. Het is minder dan een stier die geofferd moet worden door priesters, maar beter dan een vrouwelijke geit die geofferd mag worden door het gewone volk als zondeoffer.

In hedendaagse termen, zijn "leiders" binnen de gemeente een team of huisgroepleider of zondagschool leraar. Leiders zijn degenen die dienen in een positie van leiden van gemeenteleden. In tegenstelling tot leken of nieuwelingen in het geloof, zijn zij apart gezet door God en wanneer zij, ook al hebben zij dezelfde zonde begaan, moeten leiders aan God een grotere vrucht van bekering brengen.

In het verleden, legde de leider zijn hand op de kop van de gave bok, terwijl hij zijn zonden op de bok legde, en slachtte het voor God. De leider ontving vergeving wanneer de priester zijn vinger in het bloed dipte en het aanbracht aan de hoorns van het brandofferaltaar, en de rest van het bloed uitgoot aan de voet van het brandofferaltaar. Zoals in het geval van het vredeoffer, werd het vet van het offer in de rook van het altaar geofferd.

In tegenstelling tot de priester, sprenkelt een leider het bloed van het offer niet zeven keer vóór het voorhangsel van het Heiligdom; wanneer hij zijn bekering laat zien, dan doet hij dat door het bloed te strijken aan de hoorns van het brandofferaltaar en God aanvaardt het. Dat komt omdat de mate van geloof van een priester verschillend is van dat van een leider. Zoals een priester niet opnieuw mag zondigen na de bekering, moet hij het bloed van het offer zeven keer sprenkelen, dat getal staat voor volmaaktheid in de geestelijke zin.

Een leider, kan misschien onwetend opnieuw zondigen en om die reden krijgt hij niet het bevel om het bloed van het offer zeven keer te sprenkelen. Dit is een teken van de liefde en genade van

God, die wil dat elk persoon bekering ontvangt overeenkomstig zijn of haar niveau van geloof en schenkt daarom vergeving. Tot zover de bespreking van het zondeoffer waarbij "een priester" verwijst naar "een bedienaar" en "een leider" als "een werker in een leiderschapspositie." Echter deze verwijzingen zijn niet gelimiteerd tot slechts de God-gegeven plichten binnen een kerk, maar verwijzen ook naar de mate van geloof van elke gelovige.

Een bedienaar zou geheiligd moeten worden door geloof en dan toegerust worden om een kudde van gelovigen te leiden. Het is enkel natuurlijk voor het geloof van iemand in een positie van leiderschap, als een team of groepsleider of Zondagschool leraar, om op een ander niveau te zijn dan dat van een gewone gelovige, zelfs als hij nog niet de volledige heiligheid heeft bereikt. Terwijl het niveau van geloof van een dienaar verschillend is van dat van een leider en een gewone gelovige, is de betekenis van zonde en het niveau van bekering dat God zoekt, om te aanvaarden, ook verschillend, ook al hebben ze allemaal dezelfde zonde gedaan.

Dat wil echter niet zeggen dat het voor een gelovige toegelaten is, om te denken, "Omdat mijn geloof nog niet volmaakt is, zal God mij wel een andere kans geven, zelfs als ik later zondig," en zich dus met zo'n hart bekeerd. De vergeving van God door bekering zal niet ontvangen worden, wanneer een persoon willens en wetens zondigt, maar wanneer een persoon onwetend zondigt en zich later pas realiseert dat hij heeft gezondigd, en ook vergeving ervoor zoekt. Bovendien, eens hij een zonde heeft gedaan en zich ervan bekeerd, zal God die bekering alleen aanvaarden wanneer hij alle inspanning doet met vurig gebed om nooit meer deze zelfde zonde te begaan.

5. Het zondeoffer van het gewone volk

"Het gewone volk" zijn mensen met klein geloof, of gewone leden van de kerk. Wanneer gewone mensen zondigen, doen zij dat omdat zij een klein geloof hebben en daarom is het gewicht van hun zondeoffer minder dan dat van een priester of een leider. Een gewoon persoon moet aan God een geit als zondeoffer voor God brengen, welke minder waardevol is dan een gave bok. Zoals het geval met het zondeoffer gemaakt door een priester of een leider, moet de priester zijn vinger dopen in het bloed van het offer, van het zondeoffer van een gewoon persoon, het aan de hoorns van het brandofferaltaar strijken en de rest uitgieten aan de voet van het altaar.

Terwijl er een waarschijnlijkheid is dat een gewoon persoon op een later tijdstip opnieuw zondigt door zijn kleine geloof, wanneer hij spijt heeft en zijn hart overgeeft in bekering van de zonde, zal God hem bewogenheid geven en hem vergeven. Bovendien, op de manier dat God het bevel gaf om en "geit" te offeren, kunnen wij vertellen dat de zonden op dit niveau gemakkelijker vergeven worden dan de zonden waarvoor een bok of een lammetje moet worden geofferd. Dit betekent echter niet dat God matige bekering toestaat; iemand moet wel offeren aan God in ware bekering, met het besluit om niet meer opnieuw te zondigen.

Wanneer een persoon met klein geloof zijn zonden beseft en zich ervan bekeerd, en zijn best doet om niet opnieuw dezelfde zonde te doen, zal de frequentie waarmee zij zondigen afnemen van tien keer naar vijf tot drie keer, en hij zal uiteindelijk in staat zijn om het volledig te verwerpen. God aanvaardt de bekering zelfs van een nieuweling in het geloof, wanneer de bekering alleen bestaat uit belijdenis met de mond, zonder het veranderen van hart.

God zal Zich verblijden en een nieuweling in het geloof eren die zich onmiddellijk bekeert van zijn zonden, wanneer hij deze erkent en ijverig verwerpt. In plaats van dat iemand zichzelf verzekert, 'Dit is waar mijn geloof staat, dus dit is genoeg voor mij,' niet alleen in bekering maar ook in gebed, aanbidding, en in elk aspect van het leven in Christus, wanneer iemand er naar streeft om boven zijn eigen mogelijkheden te gaan, zal hij nog meer onderworpen zijn aan de overvloedige liefde en zegeningen van God.

Wanneer iemand zich geen geit kon veroorloven en daarom een lammetje gaf, moest het lammetje ook een gaaf vrouwelijk lammetje zijn (Leviticus 4: 32). De armen gaven twee tortelduiven of twee jonge duiven, en de armsten gaven een kleine hoeveelheid fijn meel (Leviticus 5: 7,11). De God van gerechtigheid classificeert en aanvaardt het zondeoffer overeenkomstig de mate van geloof van ieder individu.

We hebben dus tot zover besproken hoe we verzoening en vrede met God kunnen maken door het zondeoffer te onderzoeken dat gegeven wordt aan Hem door het volk naar de verscheidenheid van rang en plichten. Ik hoop dat elke lezer vrede met God zal maken door altijd zijn eigen God-gegeven plicht te onderzoeken en de staat van zijn geloof, alsook zich volkomen zal bekeren van elke fout en zonde, iedere keer wanneer er een muur van zonde op zijn pad naar God wordt gevonden

Hoofdstuk 7

Het schuldoffer

"Wanneer iemand ontrouw wordt en zonder opzet zonde doet tegen iets van wat de Here geheiligd is, dan zal hij, als zijn boete, de Here een gave ram van het kleinvee brengen ten schuldoffer, de waarde geschat in zilveren sikkels, naar de heilige sikkel."

Leviticus 5:15

1. De betekenis van het schuldoffer

Een schuldoffer wordt aan God gegeven om vrijstelling te verkrijgen van de gedane zonde. Wanneer het volk van God tegen Hem zondigt, moeten zij een schuldoffer aan Hem offeren en zich voor Hem bekeren. Afhankelijk van het type van zonde, moet de persoon die de zonde heeft gedaan zich niet alleen afkeren van zijn zondevolle wegen met zijn hart, maar hij moet ook de verantwoordelijkheid op zich nemen voor de verkeerde dingen die hij heeft gedaan.

Bijvoorbeeld, een persoon heeft een voorwerp van zijn vriend geleend, maar heeft het per ongeluk beschadigd. Hier kan de vriend niet alleen maar, "Het spijt me" zeggen. Wanneer de persoon niet in staat is om het voorwerp dat hij heeft beschadigd te vergoeden, dan moet hij een gelijkwaardig bedrag aan zijn vriend terugbetalen voor de gemaakte schade. Dat is ware bekering.

Het geven van een schuldoffer vertegenwoordigt het scheppen van vrede door te vergelden of verantwoordelijkheid te nemen voor overtredingen. Hetzelfde kan worden toegepast in bekering voor God. Net zoals we schade moeten compenseren die we veroorzaakt hebben aan onze broeders en zusters in Christus, moeten wij aan Hem daden van bekering laten zien, nadat wij hebben gezondigd tegen Hem om onze bekering volkomen te maken.

2. Omstandigheden en methoden van het geven van het schuldoffer

1) Na het brengen van een vals getuigenis

Leviticus 5: 1 zegt ons, "Wanneer iemand zondigt, in geval hij een overluid gesproken vervloeking hoort en getuige is, hetzij hij het zelf gehoord heeft of het te weten gekomen is, dan draagt hij, indien hij het niet aanbrengt, zijn ongerechtigheid." Er zijn tijden wanneer mensen, zelfs na het beloven om te waarheid te vertellen, toch een vals getuigenis geven, wanneer hun eigen belangen op het spel staan.

Bijvoorbeeld, veronderstel dat uw eigen kind een misdaad heeft begaan en een onschuldig persoon wordt beschuldigd van de misdaad. Als u voor de rechter zou moeten staan, gelooft u dat u in staat zou zijn om een nauwkeurig getuigenis af te leggen? Als u stil zou blijven om uw kind te beschermen, en daarbij schade aanricht bij anderen, weten mensen misschien de waarheid niet, maar God ziet alles. Daarom moet een getuige precies getuigen zoals hij of zij het heeft gezien en gehoord om er zeker van te zijn dat er door een eerlijke hoorzitting, niemand onterecht zal lijden.

Het is ook zo in ons dagelijkse leven. Vele mensen zijn niet in staat om datgene wat ze gezien en gehoord hebben correct over te brengen, en in hun eigen oordeel brengen zij incorrecte informatie over. Sommige anderen geven een vals getuigenis door een verhaal te verzinnen van iets wat zij gezien hebben, dat ze eigenlijk niet hebben gezien. Mede door zo'n valse getuigenissen, worden onschuldige mensen vals beschuldigd van misdaden die ze niet hebben gedaan en lijden ze dus onterecht. We zien in Jakobus 4: 17 het volgende, "Als iemand dan weet goed te doen en het niet doet, is het hem tot zonde." Gods kinderen die de waarheid kennen moeten door de waarheid te onderscheiden, een correct getuigenis afleggen, zodat anderen niet in moeilijkheden komen of een voorwerp van kwaad worden.

Wanneer goedheid en waarheid in onze harten zijn, zullen wij altijd in alles de waarheid spreken. We zullen geen kwaadspreken of iemand beschuldigen, de waarheid verdraaien, of irrelevante antwoorden geven. Wanneer iemand anderen heeft benadeeld door geen verklaring af te leggen, wanneer het nodig is of een vals getuigenis aflegt, dan moet hij aan God een schuldoffer brengen.

2) Na het in aanraking komen met onreine dingen

We lezen in Leviticus 5: 2-3,

> Of als iemand iets onreins aanraakt, hetzij het aas van een onrein wild dier, of van een onrein stuk vee, of van een onrein kruipend dier, zonder er zich van bewust te zijn, dan is hij onrein en schuldig. Of wanneer hij de onreinheid van een mens aanraakt, door welke onreinheid hij ook maar onrein geworden is, zonder er zich van bewust te zijn, en hij bemerkt het, dan is hij schuldig.

Hier verwijst "iets onreins" geestelijk naar alle leugenachtig gedrag dat tegen de waarheid is. Zo'n gedrag omvat alles wat gezien, gehoord of aangeraakt wordt met het lichaam en het hart. Er zijn dingen, voorafgaand aan de waarheid, welke we eerder als niet zondig beschouwden. Nadat we tot de waarheid zijn gekomen, beginnen wij echter dezelfde dingen die God als ongepast beschouwd, ook zo te zien. Bijvoorbeeld, toen wij God niet kenden, hebben wij misschien geweld en onzedelijk materiaal zoals pornografie gezien, maar beseften toen niet dat zo'n dingen onrein waren. Echter, nadat wij ons leven in Christus begonnen, leerden wij dat zo'n dingen tegen de waarheid zijn. Eens we beseffen dat we zo'n dingen hebben gedaan, die als onrein beschouwd worden, wanneer ze gemeten worden met de waarheid, moeten wij ons bekeren en een schuldoffer aan God brengen.

Zelfs in ons leven in Christus, zijn er echter tijden dat wij onbewust slechte dingen zien en horen. Het zou goed zijn als wij onze harten konden bewaren, zelfs na het zien en horen van zo'n dingen. Maar toch, omdat er een mogelijkheid is dat een gelovige niet in staat is om zijn hart te bewaren, maar de gevoelens aanvaardt die samen gaan met zulke onreine dingen, moet hij zich onmiddellijk bekeren als hij zijn zonde beseft en een schuldoffer aan God brengen.

3) Na het uitspreken van een eed

Leviticus 5: 4 zegt, "Of wanneer iemand onbezonnen een eed uitspreekt, om iets te doen, hetzij kwaad, hetzij goed, hoe een mens ook maar in een eed onbezonnen spreken kan, zonder er zich van bewust te zijn, en hij bemerkt het, dan is hij schuldig aan een van deze dingen." God heeft ons verboden om een eed uit te spreken, "hetzij kwaad, hetzij goed."

Waarom verbiedt God ons om een eed uit te spreken, een belofte te maken of een eed af te leggen? Het is natuurlijk voor God om ons te verbieden om "ten kwade" te zweren, maar Hij verbiedt ons ook om "ten goede" te zweren, omdat Hij weet dat de mens niet in staat is om zich 100% te houden aan datgene wat hij belooft (Mattheüs 5: 33-37; Jakobus 5: 12).

Totdat hij vervolmaakt is door de waarheid, kan het hart van de mens beïnvloed worden naar zijn eigen voordelen en emoties, en houdt hij zich niet aan datgene wat hij heeft beloofd. Bovendien, zijn er ook tijden, wanneer de vijand duivel en Satan zich bemoeien met het leven van gelovigen en hen ervan weerhouden om hun belofte te vervullen, zodat ze een reden hebben om de gelovigen aan te klagen. Denk even na over dit extreme voorbeeld: Veronderstel iemand belooft, "Ik zal dit en dat morgen doen," maar hij sterft vandaag plotseling. Hoe kan hij dan zijn belofte vervullen?

Om die reden, moet iemand nooit ten kwade zweren en

zelfs wanneer hij belooft om goed te doen, moet hij in plaats van beloven, tot God bidden en kracht zoeken. Bijvoorbeeld, als dezelfde persoon belooft om onophoudelijk te bidden, zou hij in plaats van te beloven, "Ik zal elke avond naar de bidstond komen," moeten bidden, "God help mij om onophoudelijk te bidden en mijzelf te beschermen tegen tussenkomst van de vijand duivel en Satan." Wanneer iemand overhaast heeft gezworen, moet hij zich bekeren en God een schuldoffer offeren.

Wanneer er zonde is in één van deze drie voorbeelden, die hierboven zijn beschreven, dan zal de persoon "aan de Here als boete voor de zonde die hij begaan heeft, een dier van het vrouwelijk geslacht uit het kleinvee, een schaap of een geit, ten zondoffer brengen; zo zal de priester over hem voor zijn zonde verzoening doen." (Leviticus 5: 6).

Hier wordt het geven van een zondeoffer bevolen samen met de uitleg van een schuldoffer. Dat komt omdat voor de zonde, waarvoor men een schuldoffer moet offeren, ook zondeoffers gebracht moeten worden. Een zondeoffer, zoals eerder beschreven is, is om zich voor God te bekeren van de zonde en zich volledig van de zonde af te keren. En toch, is er ook uitgelegd dat een zonde niet alleen roept om zijn hart van de zondige wegen af te keren, maar hij moet ook verantwoordelijkheid nemen, daarom maakt hij met het schuldoffer zijn bekering volkomen, wanneer hij de schade of het letsel vergoed of verantwoordelijkheid neemt met bepaalde daden.

In dergelijke omstandigheden, moet een persoon niet alleen schadevergoeding geven, maar ook een schuldoffer aan God geven, samen met een zondoffer, zoals hij zich ook moet bekeren voor God. Zelfs wanneer de persoon verkeerd heeft gehandeld tegen een ander persoon, omdat hij zonde gedaan heeft, dat hij als kind van God niet behoort te doen, moet hij zich ook voor zijn Hemelse Vader bekeren. Veronderstel een man heeft zijn zus bedrogen en bezit genomen van bezittingen die haar toebehoren. Wanneer de broer zich wenst te bekeren, moet hij eerst zijn hart in bekering aan God overgeven en de hebzucht en bedrog verwerpen. Hij moet dan vergeving ontvangen van zijn zus, tegen wie hij gezondigd heeft. Hij moet nu niet alleen zich verontschuldigen met zijn lippen, maar hij moet een schadevergoeding geven voor het verlies dat hij heeft veroorzaakt aan zijn zus door zijn daden. Hier, is "het zondeoffer" van de man de handeling van het afkeren van zijn zondevolle wegen en zijn bekering voor God, en zijn "schuldoffer" is de handeling van bekering door vergeving bij zijn zus te zoeken en haar schade te vergoeden en haar verlies te compenseren.

In Leviticus 5: 6, beveelt God in het geven van een zondeoffer dat samen gaat met een schuldoffer, een schaap of en geit van het vrouwelijke geslacht als offer. In de volgende verzen, lezen we dat wanneer iemand zich geen schaap of geit kan veroorloven, hij twee tortelduiven of twee jonge duiven moet brengen als schuldoffer. Herinner dat er twee vogels geofferd moeten worden. Een wordt gegeven als zondeoffer en de andere als brandoffer.

Waarom heeft God bevolen dat een brandoffer tezamen met een zondeoffer geofferd moet worden met twee tortelduiven of twee jonge duiven? Een brandoffer betekent het heiligen van de Sabbat. In geestelijke aanbidding is het het offeren van de dienst aan God op zondagen. Daarom, werd vroeger het offeren van twee tortelduiven of twee jonge duiven als een zondeoffer, samen met het brandoffer vervolmaakt wanneer de mens zich bekeerde en de dag des Heren heiligde. Volmaakte bekering roept niet alleen iemand op om zich te bekeren op het moment dat hij beseft dat hij heeft gezondigd, maar ook zijn belijdenis van zonden en bekering in Gods Heiligdom op de Dag des Heren.

Wanneer een persoon zo arm was dat hij zich ook geen tortelduiven of jonge duiven kon veroorloven, dan moest hij een tiende van een efa (een maat van ongeveer 22 liter of 5 gallon) aan fijn meel brengen als offer. Het zondeoffer moet eigenlijk gemaakt worden met een dier, omdat het een offer van vergeving is. Maar, in Zijn genade heeft God de armen toegestaan, die niet in staat waren om een dier aan Hem te offeren, om meel in de plaats te offeren, zodat ze toch vergeving van hun zonden konden ontvangen.

Er is een verschil tussen een zondeoffer gegeven met meel en een spijsoffer gegeven met meel. Terwijl olie en wierook werden toegevoegd aan een spijsoffer om het welriekend te maken en rijker uit te laten zien, werd er geen olie of wierook toegevoegd aan het zondeoffer. Waarom? Het in vuur en vlam zetten van een verzoenoffer heeft dezelfde betekenis als het in vuur en vlam zetten van iemands zonde.

Het feit dat er geen olie of wierook werd toegevoegd aan het meel, vanuit geestelijk perspectief, vertelt ons over de houding die een mens moet hebben wanneer hij voor God komt in bekering. 1 Koningen 21: 27 vertelt ons, toen koning Achab zich voor God bekeerde, hij "zijn kleden scheurde, een rouwgewaad om zijn lichaam deed en vastte." Wanneer iemand zijn hart in bekering verscheurt, zal hij zich automatisch gedragen, zelfbeheersing uitoefenen en zichzelf vernederen. Hij zal voorzichtig zijn in wat hij uit en de wijze waarop hij zich gedraagt, en aan God laten zien dat hij ernaar streeft om een leven in terughoudendheid te leiden.

4) Na het zondigen tegen heilige dingen of verlies te veroorzaken aan broeders in Christus
In Leviticus 5: 15-16 lezen we,

Wanneer iemand ontrouw wordt en zonder opzet zonde doet tegen iets van wat de Here geheiligd is, dan zal hij, als zijn boete, de Here een gave ram van het kleinvee brengen ten schuldoffer, de waarde geschat in zilveren sikkels, naar de heilige sikkel. En het heilige waartegen hij gezondigd heeft, zal hij vergoeden en daaraan een vijfde toevoegen: hij zal het aan de priester geven, en de priester zal over hem verzoening doen met de ram van het schuldoffer, en het zal hem vergeven worden.

"Iets van wat de Here geheiligd is" verwijst naar Gods heiligdom of alle spullen binnen Gods heiligdom. Zelfs de bedienaar of een persoon die het offer heeft gegeven, kan enig voorwerp nemen, gebruiken of verkopen dat apart gezet is voor God en dus als heilig wordt beschouwd. Bovendien, dingen die we heilig moeten bewaren zijn niet alleen beperkt tot "heilige dingen" maar geldt ook voor het gehele heiligdom. Een heiligdom is een plaats die God apart heeft gezet en waar Hij Zijn naam heeft geplaatst.

Geen wereldse of leugenachtige woorden mogen in het heiligdom worden uitgesproken. Gelovigen, die ouders zijn, moeten hun kinderen onderwijzen om niet te rennen en te spelen; afleidende geluiden te maken; rommel of rotzooi te veroorzaken; of schade te veroorzaken aan enig heilig ding in het heiligdom.

Wanneer Gods heilige dingen per ongeluk worden vernietigd, dan zou de persoon die ze vernietigd heeft, het voorwerp met een beter, volmaakter en zonder mankement moeten vervangen. Bovendien, moet de schadevergoeding niet dezelfde hoeveelheid aan waarde zijn van het beschadigde voorwerp, maar, moet er een "vijfde deel" als schuldoffer aan worden toegevoegd. God heeft dit zo bevolen, om ons eraan te herinneren dat we aanvaardbaar en met zelfbeheersing handelen. Iedere keer wanneer wij in contact komen met heilige dingen, moeten wij altijd voorzichtig zijn, zodat er geen misbruik wordt gemaakt of schade wordt veroorzaakt aan de dingen die God toebehoren. Wanneer wij iets beschadigen, door onze onvoorzichtigheid, moeten wij ons vanuit het diepst van ons hart bekeren en een grotere vergoeding geven of waarde dan het beschadigde artikel.

Leviticus 6: 2-5 vertelt ons de manieren waarop iemand vergeving van zijn zonde kan ontvangen als hij "zonde doet en ontrouw wordt jegens de Here, en tegenover zijn volksgenoot ontkent, dat hij iets in bewaring heeft, of dat hem iets is ter hand gesteld, of dat hij iets weggeroofd heeft; of hij heeft zijn volksgenoot iets afgeperst", of "hij heeft iets dat verloren was, gevonden en hij ontkent het, en doet een valse eed." Dit is een manier om zich te bekeren van de verkeerde dingen die men heeft gedaan voordat iemand in God geloofde, en om zich te bekeren en vergeving te ontvangen als men onbewust iemand anders bezittingen heeft genomen.

Om een verzoening te maken voor dergelijke zonden, aan de oorspronkelijke eigenaar moet iemand niet alleen het voorwerp terugbrengen, maar hij moet daar bovenop "een vijfde deel" van de waarde van het voorwerp toevoegen. Hier betekent "een vijfde deel" niet noodzakelijk dat alleen het deel numeriek wordt bepaald. Het betekent ook dat wanneer iemand de daden van bekering laat zien; het voort moet komen vanuit het diepst van zijn hart. Dan zal God zijn zonden vergeven. Bijvoorbeeld, er zijn tijden wanneer de zonden van het verleden niet geteld kunnen worden en nauwkeurig kunnen worden terugbetaald. In een dergelijk geval, is het enige wat zo'n persoon moet doen, vanaf dat moment zijn daden laten zien van bekering. Met het geld dat hij op het werk of in zijn zaak heeft verdiend, kan hij ijverig geven aan Gods koninkrijk of financieel voorzien in de nood van mensen. Wanneer hij dergelijke daden van bekering opbouwt, zal God zijn hart erkennen en hem zijn zonden vergeven.

Herinner alstublieft dat bekering het belangrijkste ingrediënt is van een schuldoffer of een zondeoffer. God verlangt van ons geen gemest kalf, maar een berouwvolle geest (Psalm 51: 18). Daarom, in het aanbidden van God, moeten wij ons bekeren van alle zonden en het kwade vanuit het diepst van ons hart en vruchten dragen die daarmee overeenstemmen. Ik hoop dat als u God aanbidt en offert op een manier die Hem welgevallig is, en uw leven leeft als een levend offer, dat Hij kan aannemen, u zult wandelen te midden van zijn overvloedige liefde en zegeningen.

Hoofdstuk 8

Geef uw lichaam als een levend en heilig offer

"Ik vermaan u dan, broeders, met beroep op de barmhartigheden Gods, dat gij uw lichamen stelt tot een levend, heilig en Gode welgevallig offer: dit is uw redelijke eredienst."

Romeinen 12: 1

1. Salomo's duizend brandoffers en zegeningen

Salomo besteeg de troon toen hij 20 jaar was. Vanaf zijn jeugd was hij opgevoed in het geloof door de profeet Nathan, hij hield van God, en hij nam de wetten van zijn vader, Koning David in acht. Nadat hij de troon besteeg, offerde Salomo aan God duizend brandoffers.

In geen geval was het offeren van duizend brandoffers een gemakkelijke taak. Er waren vele beperkingen met betrekking tot de plaats, de tijd, de inhoud van het offer, en de methoden die geplaatst waren over offers in het Oude Testament. Bovendien, in tegenstelling tot het gewone volk, had koning Salomo een grotere ruimte nodig omdat er vele mensen met hem waren en het was een groot aantal offers om te brengen. In 2 Kronieken 1: 2-3 zegt het, "Toen vaardigde Salomo een bevel uit aan geheel Israël: aan de oversten over duizend en over honderd, aan de rechters en aan al de vorsten van geheel Israël, de familiehoofden; en Salomo en de gehele gemeente met hem gingen naar de hoogte te Gibeon, want dáár stond de tent der samenkomst van God, die Mozes, de knecht des Heren, in de woestijn gemaakt had." Salomo ging naar Gibeon omdat de tent der samenkomst, welke Mozes in de woestijn had gebouwd, daar was.

Met de gehele vergadering, ging Salomo voor "De Here naar het koperen altaar welke in de tent der samenkomst was" en offerde aan Hem duizend brandoffers. Het is eerder uitgelegd dat een brandoffer, een offer aan God is met een geur als gevolg van het in vuur en vlam zetten van het geofferde dier, en dat het offer het leven aan God betekent dat volledig geofferd en toegewijd wordt.

In die nacht, verscheen God aan Salomo in een droom en vroeg hem, "Vraag; wat zal Ik u geven?" (2 Kronieken 1: 7). Salomo antwoordde,

"Gij hebt aan mijn vader David grote goedertierenheid bewezen en mij in zijn plaats koning gemaakt. Here God, laat nu uw woord tot mijn vader David bewaarheid worden, want Gij hebt mij koning gemaakt over een volk, talrijk als het stof der aarde. Geef mij thans wijsheid en kennis, dat ik voor dit volk kan uitgaan en ingaan, want wie zal dit grote volk van U kunnen richten?"
(2 Kronieken 1: 8-10).

Salomo vroeg geen rijkdom, weelde, eer, het leven van zijn vijanden, of een lang leven. Hij vroeg alleen maar om wijsheid en kennis waardoor hij in staat zou zijn om goed over zijn volk te kunnen heersen. God had welgevallen in Salomo's antwoord en gaf de koning niet alleen wijsheid en kennis waar hij om had gevraagd, maar ook rijkdom, weelde, en eer, waar de koning niet om had gevraagd.

God zei tegen Salomo "Zo zij de wijsheid en de kennis u gegeven; bovendien zal Ik u rijkdom, schatten en eer geven, zoals de koningen vóór u niet gehad hebben en na u niet zullen hebben" (v. 12).

Wanneer wij aan God geestelijke aanbidding offeren op een manier die Hem welgevallig is, zal Hij ons daarvoor zegenen zodat wij in alle opzichten voorspoedig mogen zijn en in goede gezondheid mogen zijn, terwijl ook onze ziel voorspoedig is.

2. Van de eeuw van het tabernakel naar de eeuw van de tempel

Na de vereniging en stabiliteit van zijn koninkrijk en de stabiliteit, was er nog een ding wat het hart van koning David, de vader van Salomo verontrustte: Gods tempel was nog niet gebouwd. David was ontmoedigd dat de Ark van God binnen een gordijnen tent stond, terwijl hij in een paleis verbleef dat gemaakt was van cederhout, en wilde dit oplossen door een tempel te bouwen. Maar toch, stond God dit niet toe, omdat David te veel bloed in de oorlog had doen vloeien en was daarom ongeschikt om een heilige tempel voor God te bouwen.

Gij hebt veel bloed vergoten en grote oorlogen gevoerd; gij moogt voor mijn naam geen huis bouwen, omdat gij veel bloed voor mijn aangezicht ter aarde hebt doen vloeien." (1 Kronieken 22: 8).

Maar God heeft tot mij gezegd: "Gij moogt voor mijn naam geen huis bouwen, want gij zijt een krijgsman en gij hebt bloed vergoten." (1 Kronieken 28: 3).

Terwijl Koning David onbekwaam was om zijn droom van de aanleg van de tempel te bouwen, gehoorzaamde hij niettemin dankbaar Gods Woord. Hij bereidde ook goud, zilver, brons, kostbare edelstenen en cederhout, materialen voor die nodig zouden zijn, zodat de volgende koning, zijn zoon Salomo, de Tempel kon bouwen.

In zijn vierde regeringsjaar, beloofde Salomo om Gods wil te doen en de Tempel te bouwen. Hij begon met de aanleg van het project op de berg Moria in Jeruzalem en heeft het in zeven jaren gebouwd. Vierhonderdtachtig jaar nadat de Israëlieten Egypte hadden verlaten, werd Gods Tempel afgemaakt. Salomo had de Ark van de Getuigenis (Ark van het Verbond) en alle andere heilige dingen naar de Tempel gebracht.

Toen de priesters de Ark van het Getuigenis in het Heilige der Heiligen brachten, werd het huis vervuld met Gods glorie "zodat de priesters vanwege de wolk niet konden blijven staan om dienst te doen, want de heerlijkheid des Heren had het huis des Heren vervuld" (1 Koningen 8: 11). Dus de eeuw van het Tabernakel eindigde en de eeuw van de Tempel begon.

Tijdens zijn gebed toen hij de Tempel aan God offerde, smeekte Salomo dat Hij Zijn volk zou vergeven, wanneer zij zich naar de Tempel zou keren in ernstig gebed, zelfs nadat moeilijkheden hen hadden getroffen door hun zonden.

"Hoor dan naar de smeking van uw knecht en van uw volk Israël, die zij te dezer plaatse opzenden zullen. Ja, Gij zult het horen in de plaats uwer woning, in de hemel; en wanneer Gij het hoort, zult Gij vergiffenis schenken." (1 Koningen 8: 30).

Aangezien koning Salomo zich goed bewust was van hoe de Tempel te bouwen, en zowel God had behaagd als een zegen geweest was, smeekte hij dus vrijmoedig voor God voor zijn volk. Toen God het gebed van de koning hoorde, antwoordde God,

Ik heb uw gebed en uw smeking gehoord, die gij voor mijn aangezicht opgezonden hebt; Ik heb dit huis dat gij gebouwd hebt, geheiligd door mijn naam daar voor altijd te vestigen, en mijn ogen en mijn hart zullen daar te allen tijde zijn (1 Koningen 9: 3).

Daarom, wanneer iemand vandaag God aanbidt met zijn hele hart, denken en uiterste oprechtheid, in een heilig heiligdom waarin God verblijft, zal God hem ontmoeten en de verlangens van zijn hart geven.

3. Vleselijke aanbidding & geestelijke aanbidding

Vanuit de Bijbel weten we dat er types van aanbidding zijn die God niet aanvaard. Afhankelijk van het hart waarmee aanbidding wordt geofferd, zijn er geestelijke diensten van aanbidding die God wel aanvaardt, en een vleselijke dienst van aanbidding die Hij weigert.

Adam en Eva waren uit de Hof van Eden verdreven omdat ze hun ongehoorzaamheid volgden. In Genesis 4 kunnen we lezen over hun twee zonen. Hun oudste zoon was Kaïn en de jongste zoon was Abel. Toen zij de leeftijd hadden bereikt, gaven Kaïn en Abel elk een offer aan God. Kaïn was een boer en gaf "de vruchten der aarde" (Vers 3) terwijl Abel "de eerstelingen zijner schapen, van hun vet" gaf (Vers 4). God op Zijn beurt "sloeg acht op Abel en zijn offer, maar op Kaïn en zijn offer sloeg Hij geen acht." (Verzen 4-5).

Waarom aanvaardde God het offer van Kaïn niet? In Hebreeën 9: 22 kunnen we zien dat een offer dat aan God gebracht wordt, een offer van bloed moet zijn dat de zonden kan vergeven, overeenkomstig de wet van de geestelijke wereld. Om die reden, werden er dieren, zoals stieren of schapen gegeven als offers in het Oude Testament, terwijl Jezus, het Lam van God, een verzoenoffer werd door Zijn bloed te vergieten in het Nieuwe Testament.

Hebreeën 11: 4 vertelt ons, "Door het geloof heeft Abel Gode een beter offer gebracht dan Kaïn; hierdoor werd van hem getuigd, dat hij rechtvaardig was, daar God getuigenis gaf aan zijn gaven, en hierdoor spreekt hij nog, nadat hij gestorven is." Met andere woorden, God aanvaardde het offer van Abel omdat hij een offer van bloed aan God had gegeven, overeenkomstig Zijn wil, maar het offer van Kaïn weigerde Hij, omdat hij niet had gegeven naar Zijn wil.

In Leviticus 10: 1-2, lezen we over Nada ben Abihu die "een vreemd vuur voor het aangezicht des Heren brachten, hetgeen Hij hun niet geboden had," en werden als gevolg verteerd door dat vuur dat "kwam uit de tegenwoordigheid van de Here." We lezen ook in 1 Samuël 13 over hoe God koning Saul verliet, nadat de koning had gezondigd, door de plicht van de profeet Samuël te vervullen. Voorafgaand aan een nabije strijd met de Filistijnen, maakte koning Saul een offer aan God, toen de profeet Samuël niet op de gestelde datum kwam. Toen Samuël aankwam, nadat het offer door Saul was gebracht, maakte Saul alleen maar excuses zeggende tegen de profeet dat hij het met tegenzin had gedaan omdat het volk van hem wegging. In antwoord, bestrafte Samuël Saul, "U hebt dwaas gehandeld," en hij zei de koning dat God hem had verlaten.

In Maleachi 1: 6-10, bestraft God de kinderen van Israël omdat ze niet het beste aan God gaven, dat zij konden offeren, maar de dingen offerden die ze niet meer konden gebruiken. God voegt eraan toe dat Hij dat soort van aanbidding, welke religieuze formaliteiten volgt, maar het hart van het volk ontbreekt erin, niet zal aannemen. In hedendaagse termen, betekent dat dat God een vleselijke dienst van aanbidding niet zal aanvaarden.

Johannes 4: 23-24 zegt ons dat God met vreugde een geestelijke dienst van aanbidding aanvaardt waarbij mensen aan Hem offeren in geest en waarheid, en de mensen zegent om gerechtigheid, genade en getrouwheid te bereiken. In Mattheüs 15: 7-9 en in 23: 13-18 kunnen we lezen dat Jezus de Farizeeërs en Schriftgeleerden van Zijn tijd bestrafte die strikt bleven bij de tradities van mensen, maar wiens harten niet God aanbaden in waarheid. God aanvaardt geen aanbidding, welke mensen willekeurig offeren.

Aanbidding moet worden geofferd naar de principes die God heeft opgericht. Dit is hoe het Christendom verschillend is van de andere religies, waarbij de volgelingen aanbidding scheppen om hun noden te bevredigen en aanbidding brengen op een manier dat aangenaam is voor hen. Aan de ene kant, is een vleselijk dienst van aanbidding waarin een individu over het algemeen naar het heiligdom komt en deelneemt aan de aanbiddingdienst. Aan de andere kant, is een geestelijke dienst van aanbidding, de handeling van aanbidding vanuit het diepst van het hart en het deelnemen aan de aanbiddingdienst in geest en waarheid door Gods kinderen, die hun Hemelse Vader liefhebben. Als zodanig, zelfs wanneer twee mensen aanbidding offeren op dezelfde tijd en plaats, afhankelijk van het hart van elk individu, zal God de aanbidding van de ene persoon wel aanvaarden terwijl hij de aanbidding van de andere weigert. Zelfs wanneer mensen naar het heiligdom komen en God aanbidden, zal het geen nut hebben als God zou zeggen, "Ik heb uw aanbidding niet aanvaard."

4. Geef uw lichaam als een levend en heilig offer

Wanneer het doel van ons bestaan is om God te verheerlijken, dan moet aanbidding gericht zijn op ons leven en moeten wij elk moment leven met de houding van aanbidding voor Hem. Het levende en heilige offer dat God aanvaardt, de aanbidding in geest en waarheid, wordt niet vervuld in het bijwonen van een zondagdienst, een keer per week, terwijl men van maandag tot en met vrijdag leeft overeenkomst zijn persoonlijke wil en verlangens. We zijn geroepen om God te aanbidden te allen tijde en overal.

Naar de kerk gaan om te aanbidden is een uitbreiding van een leven van aanbidding. Daar elke aanbidding die los is van iemands leven, geen ware aanbidding is, moet het leven van een gelovige, en volkomen en geestelijke dienst van aanbidding zijn in een heiligdom overeenkomstig de gepaste procedures en betekenissen, maar wij moeten ook een heilig en zuiver leven leiden, door al Gods wetten in ons alledaagse leven te gehoorzamen.

Romeinen 12: 1 vertelt ons, "Ik vermaan u dan, broeders, met beroep op de barmhartigheden Gods, dat gij uw lichamen stelt tot een levend, heilig en Gode welgevallig offer: dit is uw redelijke eredienst" net zoals Jezus de gehele mensheid redde door Zijn lichaam als een offer te offeren, wil God dat wij ook ons lichaam stellen tot een levend en heilig offer.

Behalve het zichtbare Tempel gebouw, is sinds de Heilige

Geest, die één is met God, en in onze harten verblijft, een ieder van ons ook Gods Tempel geworden (1 Korintiërs 6: 19-20). We moeten elke dag in de waarheid worden vernieuwd en onszelf heilig bewaren. Wanneer het Woord, gebed en lofprijs in ons hart is, en wanneer wij alles in ons leven met ons hart doen, met een hart van aanbidding voor God, zullen wij ons lichaam geven als een levend en heilig offer aan God, waar Hij welgevallen in heeft.

Voordat ik God ontmoette, was ik door ziekte geslagen. Ik spendeerde dagen in een hopeloze wanhoop. Nadat ik gedurende zeven jaren ziek op bed had gelegen, bleef ik achter met een enorme schuld aan ziekenhuisrekeningen en kosten aan medicijnen. Ik was arm. En toch veranderde alles toen ik God ontmoette. Hij genas mij onmiddellijk van al mijn ziekten en ik begon mijn leven opnieuw.

Overweldigd door zijn genade, begon ik God boven alles lief te hebben. Op de Dag des Heren, stond ik voor het licht werd op, zorgde dat ik een bad had genomen, en trok schoon ondergoed aan. Zelfs al had ik op zaterdag maar kort een paar sokken aan gehad, dan droeg ik niet dezelfde paar sokken om naar de kerk te gaan. Ik deed ook mijn schoonste en netste kleren aan.

Dit is niet om te zeggen dat gelovigen in moderne kleren moeten verschijnen als zij gaan aanbidden. Wanneer een gelovige echt gelooft in God en Hem liefheeft, is het normaal voor hem om zijn best te doen om voor God te komen en Hem te aanbidden. Zelfs wanneer iemands omstandigheden het niet toestaan om bepaalde kleren te dragen, kan iedereen zijn kleren klaarmaken en verschijnen naar zijn beste mogelijkheid.

Ik probeerde altijd om nieuwe bankbiljetten te krijgen voor het offer; wanneer ik nieuwe bankbiljetten tegenkwam, dan hield ik die apart voor het offer. Zelfs in noodgevallen, raakte ik het geld dat ik apart had gezet voor het offer niet aan. We weten uit het Oude Testament, terwijl er verschillende niveaus waren afhankelijk van de omstandigheden van elk persoon, dat elke gelovige zijn offer had voorbereid en het naar de priester bracht. Hierover geeft God onze duidelijke instructies in Exodus 34: 20, "men zal niet met ledige handen voor mijn aangezicht verschijnen."

Zoals ik geleerd heb van een opwekkingsprediker, zorgde ik er altijd voor dat ik een offer groot of klein had voorbereid voor elke aanbiddingdienst. Zelfs al kon ik nauwelijks de rente over mijn schuld betalen, van het inkomen dat mijn vrouw en ik verdienden, niet één keer hebben wij met tegenzin gegeven of minder offer gegeven. Hoe konden wij spijt hebben wanneer onze offers werden gebruikt om zielen te winnen en Gods koninkrijk en Zijn gerechtigheid te volbrengen?

Na het zien van onze toewijding, op Zijn uitverkoren tijd, zegende God ons zodat we onze grote schuld konden afbetalen. Ik begon God te bidden dat Hij mij tot een goede oudste zou maken, die financieel kon voorzien en zorgen voor de armen, voor de wezen, weduwen en zieken. En toch, riep God mij onverwachts als een bedienaar en leidde mij om een grote kerk te leiden die talloze zielen redt. Terwijl ik geen oudste ben geworden, was ik in staat om te voorzien in de behoefte van veel mensen en heb Gods kracht gekregen, waardoor ik de zieken kan genezen, en beiden zijn veel meer dan waar ik ooit om gebeden heb.

5. "Totdat Christus in u gestalte krijgt"

Net zoals ouders vrijwillig zwoegen om hun kinderen op te voeden nadat ze geboren zijn, met veel moeite, volharding en offers is het ook noodzakelijk om voor elke ziel te zorgen en hen te leiden naar de waarheid. Hierover beleed de apostel Paulus in Galaten 4: 19 het volgende, "Mijn kinderen, ter wille van wie ik opnieuw weeën doorsta, totdat Christus in u gestalte verkregen heeft."

Zoals ik het hart van God ken, die elke ziel kostbaarder acht dan enig ding in het heelal en verlangt dat alle mensen redding ontvangen, doe ik ook mijn uiterste best om ook maar één ziel meer te kunnen leiden tot het pad van redding en naar het Nieuwe Jeruzalem. Ik streef ernaar om het niveau van geloof van de gemeente te brengen tot de "maat van de wasdom der volheid van Christus," (Efeziërs 4: 13) en heb ik gebeden, mijn boodschappen elke keer voorbereidt en de gelegenheden gezocht die ik kon vinden. Terwijl er tijden waren dat ik heel graag bij de gemeenteleden wilde zitten om vrolijk met hen te praten, als een herder die de verantwoordelijkheid heeft om zijn kudde te leiden op de juiste weg, heb ik zelfbeheersing uitgeoefend in alles en de plichten die God mij had gegeven uitgedragen.

Er zijn twee verlangens die ik heb voor elke gelovige. Ten eerste, zou ik heel graag willen dat vele gelovigen redding ontvangen, maar ook zullen verblijven in het Nieuwe Jeruzalem, de meest glorieuze plaats in de Hemel. Ten tweede, zou ik willen dat alle gelovigen vrijkomen van armoede en een leven van voorspoed leven. Terwijl de kerk in een opwekking is en in aantal mensen toeneemt, neemt ook de financiële hulp toe en nemen ook de genezingen toe. In wereldse termen, is het geen gemakkelijke taak om de noden te zien en overeenkomstig de noden van elk lid van de gemeente te handelen.

Ik voel de zwaarste lasten wanneer gelovigen zondigen. Dat komt omdat ik weet wanneer een gelovige zondigt, hij afstand heeft genomen van het Nieuwe Jeruzalem. In extreme gevallen kan hij zelfs niet meer in staat zijn om redding te bereiken. De gelovige kan antwoorden ontvangen en geestelijke of lichamelijke genezing vinden nadat hij de muur van zonden tussen hem en God heeft vernietigd. Terwijl ik aan God vastklampte namens de gelovigen die hadden gezondigd, was ik niet in staat om te slapen, had ik stuiptrekkingen, huilde ik veel en verloor ik mijn energie door een onuitsprekelijke roepen, en bouwde ik talloze uren en dagen op aan vasten en bidden.

Terwijl God deze offers in talloze gelegenheden heeft aangenomen, door Zijn genade aan de mensen te tonen, zelfs aan degenen die voorheen niet waardig waren om redding te ontvangen, werd de geest van bekering gegeven, zodat zij zich konden bekeren en redding konden ontvangen. God heeft ook de deuren van redding wijdt geopend voor talloze mensen in de wereld, zodat zij het evangelie konden horen van heiligheid en de manifestaties van Zijn kracht konden ontvangen.

Iedere keer wanneer ik vele gelovigen zie groeien in de schoonheid van de waarheid, is het heel belonend voor mij als voorganger. Op dezelfde manier, offerde de Here, die onberispelijk was, zichzelf op als een welriekende geur voor God (Efeziërs 5: 2), dus ik ga ook voorwaarts in elk aspect om mijn leven te offeren als een levend en heilig offer aan God voor Zijn koninkrijk en zielen.

Wanneer kinderen hun ouders eren op Moederdag of Vaderdag (Ouderdag in Korea) en hun dankbaarheid laten zien, kunnen de ouders zich niet gelukkiger voelen. Zelfs wanneer die bewijzen van dankbaarheid misschien niet zijn zoals de ouders het willen, zijn ze toch heel blij omdat het van hun kinderen komt. Bijna op dezelfde wijze, wanneer Zijn kinderen Hem aanbidden met datgene wat zij hebben voorbereid met hun beste inspanningen uit liefde voor hun Hemelse Vader, zal Hij er welgevallen in hebben en hen zegenen.

Natuurlijk, behoort geen enkele gelovige willekeurig te leven tijdens de week en alleen hun toewijding te tonen op zondag! Net zoals Jezus zei in Lucas 10: 27, moet iedere gelovige God liefhebben met heel zijn hart, ziel en kracht en denken, en moet zichzelf offeren als een levend en heilig offer elke dag van zijn leven. Door God te aanbidden in geest en waarheid en aan Hem een welriekende geur van het hart te offeren, mag elke lezer overvloedig genieten van alle zegeningen die God voor hem heeft voorbereid.

De auteur
Dr. Jaerock Lee

Dr. Jaerock Lee werd geboren in Muan, Provincie Jeonnam, Republiek van Korea, in 1943. In zijn twintiger jaren, leed Dr. Lee aan verschillende ongeneeslijke ziektes gedurende zeven jaar en wachtte op zijn dood zonder enige hoop op herstel. Op een dag in de lente van 1974, echter, werd hij naar een kerk geleid door zijn zuster en toen hij neerknielde om te bidden, genas de levende God hem onmiddellijk van al zijn ziektes.

Vanaf die tijd, ontmoette Dr. Lee de levende God door deze wonderlijke ervaring, hij heeft God lief met zijn hele hart en in oprechtheid, en in 1978 werd hij geroepen om een dienstknecht van God te zijn. Hij bad vurig zodat hij duidelijk de wil van God kon begrijpen en deze volledig te vervullen en alle woorden van God te gehoorzamen. In 1982, richtte hij de Manmin Kerk op in Seoul, Zuid-Korea, en ontelbare werken van God, inclusief wonderlijke wonderen van genezing en tekenen, hebben plaats gevonden in zijn kerk.

In 1986, werd Dr. Lee aangesteld als een voorganger in de jaarlijkse vergadering van Jezus' Sungkyul Gemeente van Korea, en 4 jaar later in 1990, werden zijn boodschappen uitgezonden in Australië, Rusland, de Filippijnen en nog meer landen door het Verre Oosten Televisie Bedrijf, het Televisie Bedrijf Azië, en het Washington Christelijke Radio Systeem.

Drie jaar later in 1993, werd de Manmin Centrale kerk uitgekozen tot een van de "werelds top 50 kerken" door het Christian World magazine (US) en hij ontving een Eredoctoraat van Godgeleerdheid van het Christian Faith College, Florida, USA, en in 1996 een Dr. in de Bediening van Kingsway Theologische Seminarium, Iowa, USA.

Sinds 1993, heeft Dr. Lee de leiding genomen in de wereld zending door vele overzeese campagnes in Tanzania, Argentinië, L.A., Oeganda, Japan, Pakistan, Kenia, de Filippijnen, Honduras, India, Rusland, Duitsland, Peru, Democratisch Republiek van Kongo, Israël, en Estland.

In 2002 werd hij, door een grote Christelijke krant in Korea erkend als een "wereldwijde opwekkingsprediker" vanwege zijn krachtige bedieningen in verschillende buitenlands campagnes. Vooral zijn "New York Campagne in 2006", die gehouden werd in Madison Square Garden, de bekendste arena in de wereld. De gebeurtenis werd in 220 landen uitgezonden, en ook zijn "Israël Verenigde Campagne in 2009", die gehouden werd in de Internationale Conventie Hal (ICC) te Jeruzalem waarbij hij vrijmoedig Jezus Christus verkondigde als de Messias en Redder.

Zijn boodschappen worden in 176 landen uitgezonden via satelliet, inclusief GCN TV en hij wordt vermeld als de "Top 10 meest invloedrijke Christelijke leiders" van 2009 en 2010 door een bekend Russisch Christelijk blad In Victory en nieuws bureau Christian Telegrapgh voor zijn krachtige tv-uitzendingen en buitenlands gemeente bedieningen.

Vanaf mei 2013, is Manmin Centrale Kerk een gemeente met meer dan 120,000 leden en 10,000 branche gemeente over de hele wereld, inclusief 56 binnenlandse en heeft meer dan 129 zendelingen uitgezonden naar 23 landen, inclusief de Verenigde Staten, Rusland, Duitsland, Canada, Japan, China, Frankrijk, India, Kenia, en veel meer.

Tot de datum van deze publicatie, heeft Dr. Lee 85 boeken geschreven, inclusief bestsellers als Het eeuwige leven smaken voor de dood, Mijn leven mijn geloof I & II, De boodschap van het kruis, De mate van geloof, De hemel I & II, De hel, Israël wordt wakker en De kracht van God, en zijn werken zijn vertaald in meer dan 75 talen.

Zijn christelijke columns verschijnen in The Hankook Ilbo, The JoongAng Daily, The Chosun Ilbo, The Dong-A Ilbo, The Munhwa Ilbo, The Seoul Shinmun, The Kyunghyang Shinmun, The Kyunghayang Shinmun, The Korea Economic Daily, The Korea Herald, The Shisa News, en The Christian Press.

Dr. Lee is tegenwoordig leider van vele zendingsorganisaties en verenigingen. Zijn posities houden in: Voorzitter, De Verenigde Heiligheid Kerk of Jezus Christus; President, Manmin Wereld Zending; Blijvend President, Van de Wereld Christelijke Opwekkingsvereniging; Oprichter, Manmin TV; Oprichter en bestuursvoorzitter, Wereld Christelijke Netwerk (GCN); Oprichter en Bestuursvoorzitter, De Wereld Christen Dokters Netwerk (WCDN); en Oprichter en Bestuursvoorzitter, Manmin Internationale Seminarium (MIS).

Andere krachtige boeken van dezelfde auteur

De Hemel I & II

Een gedetailleerde weergave van de prachtige leefomgeving waar de hemelburgers van zullen genieten en een mooie beschrijving van de verschillende niveaus van hemelse koninkrijken.

De Boodschap van Het Kruis

Een krachtige boodschap voor alle mensen om degene wakker te maken die geestelijk slapen! In dit boek kan je de reden vinden waarom Jezus de enige Redder is en de ware liefde van God.

De Hel

Een ernstige boodschap voor de gehele mensheid van God, die wenst dat niet een ziel valt in de diepten van de hel! U zult ontdekken de nooit-eerder-geopenbaarde weergave van de wrede realiteit van het Onder Graf en de Hel.

Geest, Ziel en Lichaam I & II

Een gids welke ons geestelijk begrip geeft van geest, ziel en lichaam en ons helpt om te ontdekken wat voor soort "zelf" wij hebben gemaakt, zodat wij de kracht kunnen verkrijgen om de duisternis te vernietigen en een geestelijk persoon kunnen worden.

De Mate van Geloof

Wat voor soort verblijfplaats, kroon en beloningen zijn er voor u voorbereid in de hemel? Dit boek is voorzien van wijsheid en leiding om uw geloof te meten en te ontwikkelen tot het beste en meest volwassen geloof.

Maak Israël Wakker

Waarom heeft God Zijn ogen over Israel bewaard vanaf de grondlegging der wereld tot op vandaag? Welke voorziening heeft Hij voorbereid voor Israel in deze laatste dagen, die op de Messias wacht?

Mijn Geloof, Mijn Leven I & II

Een zeer welriekende geestelijke geur onttrokken uit het leven dat bloeide met een onmetelijke liefde voor God, te midden van de donkere golven, koud juk en de diepste wanhoop.

De Kracht van God

Een boek wat gelezen moet worden, welke dient tot een noodzakelijke handleiding waardoor iemand echt geloof kan bezitten en de wonderlijke kracht van God kan ervaren.

www.urimbooks.com

www.ingramcontent.com/pod-product-compliance
Lightning Source LLC
LaVergne TN
LVHW010220070526
838199LV00062B/4677